KB234851

먹을 수 있는 보석

성찬경 신앙 산문
먹을 수 있는 보석

2010년 3월 22일 1판 1쇄 발행
2010년 8월 31일 1판 3쇄 발행

글 성찬경

펴낸이 백인순
펴낸곳 위즈앤비즈

주소 서울시 마포구 합정동 364-11
전화 02-324-5677
출판등록 2005년 4월 12일 제 313-2005-000070호

ISBN 978-89-92825-46-7   03230
값 10,000원

성찬경 신앙 산문

먹을 수 있는 보석

위즈앤비즈
Wisdom & Vision

한 푼수팬의 바람

"'먹을 수 있는 보석'? 참 기발한 착상이네. 보석인데 먹을 수 있다구?"

호기심에 이은 의아심은 이내 글을 읽으면서 해소되었다. 깨달음의 경지가 번득이는 선생님의 투명한 소묘 뒤에서 보석은 빛나고 있었다.

"쌀알 몇 톨을 들여다본다. 볼수록 그 신비한 생김새와 빛깔에 넋을 잃는다. 반투명의 쌀알의 깊이를 헤아리려 하다가 그만 상념의 시공(時空)에서 길을 잃는다. 세상에 이런 보석이 있는가. 이 보석은 먹을 수 있는 보석이다.

이 보석은 살아 있는 보석이다. 그 자체 살아 있을 뿐만 아니라 생명의 진기가 득실 고여 있다. 세상에 이보다 귀한 보석이 있는가."(본문 '먹을 수 있는 보석' 중에서)

몇 년 전인가 우연히 케이블 TV를 보다가 천진한 모습의 선생님을 알아보고 채널을 고정시킨 적이 있다. 거기서는 고물들을

주워다가 마당에 '물질 고아원'을 차려주신 것이 집중 취재되고
있었다. 보면서, 버려진 쓰레기에서 잃어버린 생명의 역사를 발
굴하시는 범상치 않은 안목에 경탄한 적이 있다. 완곡한 표현으
로 '물질' 고아원이었지 시청자의 귀에는 필경 '고물' 고아원으로
각인되기에 충분했다.

　감히 선생님의 신선스런 자유로움에 무슨 토를 달랴 싶은 생각
에 저어되는 마음으로 글을 읽었다. 읽어갈수록 부끄러움과 함께
부러움이 밀려왔다.
　"이런 눈으로 보고, 이런 마음으로 느끼며, 이런 차원으로 살아
야 하는데……."
　기분 좋은 미련이었다.

　선생님은 발견의 기인이시다.
　"발견이란 쉽게 말해서 알아보는 것이다. 그냥 보고 마는 것이
아니라 보고서 문득 큰 감명을 받는다면 그것은 곧 발견이다. 어
떤 대상을 보고도 그냥 지나치면 발견이라 할 수는 없지만, 보고
서 새삼 무엇인가를 느낄 수 있다면 그것은 발견이다."

　선생님은 관조의 달인이시다.
　"산에서 보는 작은 풀, 해변에서 줍는 조약돌, 조가비, 들여다

보면 볼수록 뜻의 심연이다. 우리가 살아나가면서 겪는 모든 일이 알고 보면 이렇다. 그러니 인생이야말로 뜻의 심연이라 하지 않을 수가 있겠는가.”(본문 ‘인생과 의미’ 중에서)

선생님은 찬미의 현인이시다.

“예수님, 제가 죽는 순간까지 예수님을 찬미하고 흠모하는 저의 마음에 변함이 없도록 저를 인도하여 주십시오.”(본문 ‘찬미 나의 예수님’ 중에서)

선생님은 관조의 절정에서 만상에 스며있는 하느님의 임장(臨場)에 취해 방금의 이 기도를 토해내셨던 것이다.

선생님이 자랑스럽다. 이 책을 통해 나 같은 푼수팬이 많이 생겼으면 좋겠다.

차동엽 신부

■ 차례

4부 명상의 오솔길

5부 시지프의 행복

1부

발견의 기쁨

큰 발견 작은 발견

존경 받는 수학자 아르키메데스가 목욕탕에서 뛰쳐나와 옷을 안 걸친 알몸으로 '유레카! 유레카!' 하면서 거리를 질주한다. 사람들은 무척 놀랐을 것이다. '유레카'(eureka)는 '알았다!', '됐다'를 뜻하는 그리스어 감탄사다. 아르키메데스가 '아르키메데스의 원리'를 발견한 순간의 광경이다. 무엇인가를 발견하는 기쁨이 얼마나 큰가를 알 수 있는 보기다.

다 알고 있는 바와 같이 '아르키메데스의 원리'는 부력(浮力)에 관한 물리학의 원리로서, 어떤 물체가 물 속에 잠기면 그 물체는 그 물체가 밀어낸 부피의 물의 무게만큼 가벼워진다는 원리다. 우리가 욕조에 들어가면 몸이 가벼워지는 것을 느낀다. 그 순간 아르키메데스는 이 원리에 착안한 것이다. 이 원리로 아르키메데스는 왕이 내놓은 지난한 문제를 해결했다. 새로 만든 왕의 왕관이 순금으로 돼 있는지 아닌지를 판별하는 문제였다.

우리는 불세출의 천재들이 위대한 원리를 발견하여 인류의 문명사에 크게 공헌한 사례를 알고 있다. 먼저 떠오르는 것이 물리학자 뉴턴이 발견한 '만유인력'의 법칙이다. 사과나무 밑에서 사과가 떨어지는 것을 보고 이 법칙을 깨달았다고 하는 것은 누구나가 다 알고 있다. 사과 떨어지는 것을 본 사람은 한둘이 아니었을 터인데 어째서 뉴턴만이 이런 착상의 꼬투리를 붙들 수 있었을까?

뉴턴의 '만유인력'의 체계는 20세기에 들어와서 아인슈타인이 발견한 '상대성원리'에 의해서 무너졌지만 그렇다고 해서 '만유인력'의 법칙이 완전히 무용지물로 변한 것은 아니다. 인력(引力)의 크기는 물체 간의 질량 크기에 비례하며 서로 떨어져 있는 거리의 자승(自乘)에 반비례한다는 이 법칙은 지금도 작은 범위 안에서의 천체 현상에서는 여전히 유효하다.

아인슈타인의 '상대성원리'에 의해서 시간과 공간이 우주 구성의 기본이 되는 절대적 척도가 될 수 없다는 것이 증명되었다. 불변의 기준이 있다면, 그것은 일정한 빛의 속도뿐이다. 물체의 질량과 운동의 작용에 의해서 시간과 공간은 휘며, 고무줄처럼 늘어났다 오므라들었다 한다. 우주의 구성이 참으로 기기묘묘하다. 아인슈타인은 일꾼이 일을 하다가 기왓장을 든 채 지붕에서 떨어지는 광경을 보고 '상대성원리'를 착안했다 한다.

파스퇴르는 광견병의 병원균을 발견해서 많은 사람들의 생명을 구하게 되었다. 정말 큰 발견이 아닐 수 없다.

물리학자 도플러는 '도플러 효과'를 발견했다. 어떤 발신체가 관찰하는 사람에게 가까워지면 발신의 주기가 빨라지는 것으로 (따라서 파장은 짧아지는 것으로) 관측되고, 발신체가 멀어지면 이와 반대로, 즉 주기가 느려지며 파장도 길어지는 것으로 관측된다. 소방차가 가까워지면 '애애앵' 하는 소리의 음정이 높아지며, 멀어지면 '이이잉' 하고 소리의 음정이 처져서 저음으로 들린다.

소방차의 예는 우리가 일상생활에서 경험할 수 있는 범위 안에 들어오는 '도플러 효과'다. 어떤 천체가 우리에게 가까워지면 그 천체는 보라색을 띠게 되며, 멀어지면 붉은 색을 띠게 된다. 천체 물리학자 허블이 우주의 팽창을 관측할 수 있었던 것도 이 '도플러 효과'를 응용할 수 있었기 때문이며, '도플러 효과'의 실제적인 응용 가치는 참으로 크다. 물리학자 도플러의 발견이 인류 문명에 얼마나 큰 도움이 되고 있는가 하는 것을 알 수 있다.

지금까지 보기로 들어온 것들은 이를테면 모두 큰 발견이라 할 수 있는 것들이다. 그렇다면 발견은 이러한 대천재들만의 차지이며 우리네 보통 사람들과는 무관한 것일까?

그럴 리가 없다. 세상엔 큰 발견도 있지만 작은 발견도 얼마든지 있을 수 있다. 그리고 우리네 보통 사람들의 삶에 큰 기쁨이 되고 보람을 느끼게 해 주는 것은 오히려 작은 발견이다. 나에게 소중한 발견, 정말로 살아 있는 발견은 내가 하루하루 살아가면서 체험을 통해서 알게 된 것이며, 그러한 발견이야말로 나에게 실존적인 가치가 있는 발견이다.

발견이란 쉽게 말해서 알아보는 것이다. 그냥 보고 마는 것이 아니라 보고서 문득 큰 감명을 받는다면 그것은 곧 발견이다. 어떤 대상을 보고도 그냥 지나치면 발견이라 할 수는 없지만, 보고서 새삼 무엇인가를 느낄 수 있다면 그것은 발견이다. 이럴 경우 그것은 비록 작다 하더라도 무한히 소중한 발견이다. 존재는 곧 신비의 심연이다. 우리가 발견할 수 있는 것은 언제나 어디서나 무궁무진하다. 발견은 사물과 사물이 서로 교류하고 마음이 통하기를 바라는 간절한 욕구의 나타남이다. 발견이 없는 삶, 그것은 어느 면에서 불성실한 삶이다.

내가 발견한 사례 한 가지만 말씀드리겠다. 나뭇잎이 바로 반투명의 막이라는 것을 발견했을 때 나는 무척 기뻤다. 빛이 새는 초록의 아름다움, 빛이 통과하는 단풍잎의 홍옥 같은 눈부심 앞에서 나는 정말 황홀했다.

그러나 우리에게 정말로 소중한 발견은 무엇인가 하고 누가 물어 온다면? 나는 이렇게 대답하겠다. 사람에게 가장 기쁜 발견은 나와 하느님이 구체적으로 사랑으로 묶여 있다는 것을 체험을 통해서 느끼게 되는 일이라고, 그리고 이것이야말로 우리 삶에서 가장 소중한 발견이 될 것이라고.

삶의 리듬 타기

"사람은 사회적 동물이다." 아리스토텔레스의 말이지만 참으로 명언이다. "사람은 경제적 동물이다." 누구의 말이랄 것도 없지만 이 말 역시 지당한 말임엔 틀림이 없다.

어떻게든 노력은 덜 들이고, 성과는 높이려는 것이 인간의 본능적 지향이다. 경영학이다 뭐다 하는 사업체 운영의 체계도 다 이러한 목적을 위해서 생겨난 것이겠다. 아니, 인류 문명의 흐름에서도 이러한 효율에의 욕구가 큰 구실을 하는 것임을 부인할 수 없을 것이다. 나날이 개량되는 각종 도구류, 시간당 생산량을 최대한으로 늘리려는 무한 경쟁, 이러한 것들이 문명의 흐름을 밀고 가는 추진력이며, 또한 자본주의의 원동력이 되어 있지 않은가.

노동이란 처음부터 힘이 들기 때문에 하기 싫은 것이다. 그러한 노동을 재미나게, 즐겁게 할 수 있는 방법은 없을까. 만약에 있다면 그것은 우리 삶에서 얼마나 고마운 존재가 될 것인가.

그러한 방법이 있다. 있을 뿐만 아니라 아주 가까운 곳에서 지극히 평범한 모습을 하고 우리를 기다리고 있는 것이다. 바로 '리듬 타기'다. 일을 리듬에 태우는 것이다. 아니, 일과 리듬이 하나가 되게 하는 것이다. 더 평범하게 표현해 보자면 일을 장단 맞춰 하는 것이다.

일제시대, 전쟁 말기, 당시의 중학생은 '근로 동원'이란 명분으로 일제에게 강제 노동을 당해야만 했다. 나도 어느 시골 중학교 1학년 때 수업은 안하고, 매일 인근 농촌에 가서 논일 밭일을 한 슬픈 기억을 지니고 있다. 학교에서 일터까지 족히 20~30리는 됐으므로 매일 왕복 50리 정도의 행군을 하는 것이 흔한 일이었다. "앞으로 갓!" 척 척 척 척 발을 맞추어 행군을 시작한다. 그리곤 곧 일본 군가를 부르게 했다. 알량한 곡조였지만, 군가의 리듬을 한 번 타기만 하면 피곤한 줄 모르고 일터에 도착했고, 또 일터에서 학교로 돌아올 수 있었다. 말하자면 군가의 리듬이 우리, 당시의 중학생을 싣고 간 것이다. 나중에는 피곤함도 뭣도 다 잊고 동작을 지속한다. 일제는 이런 방법으로 십사오 세 된 조선의 어린 학생을 부려먹었다.

리듬 타기가 우리에게 주는 최면적 황홀감에 대한 기억은 다 열거할 수도 없을 정도로 많다. 목수가 집을 세우는 것을 한 달 정도 곁에서 지켜 본 적이 있다. 숫돌에 대팻날을 가는 동작이 어찌나 율동적이고 깊이가 있어 보였던지 아무리 바라보아도 싫증이 나지 않았다. 톱질하는 동작의 그 경쾌함과 정확성, 부드러운 그 소리의 음악성, 대패질할 때, 쏴 하는 소리와 함께 나부끼는 그 기적처럼 얇은 대팻밥, 나무 향기, 참으로 그 목수는 일과 놀이를 완전히 하나로 합일시키고 있었다. 땀 흘리는 어려움과 몸놀림을 음미하는 즐거움이 따로따로가 아니었다. 그것은 참으로 경이로운 광경이었다. 그리고 그 경이로움의 비결은 일을 리듬에 태우는 데 있었다. 참으로 명인의 경지였다.

여기서 내가 간과해서는 안 될 일이 하나 있다. 그것은 그 목수가 그렇게 보기에도 황홀한 경지에 가기까지 얼마나 오랜 시간에 걸쳐, 피나는 반복과 수련 과정을 거쳤을 것인가 하는 점이다. 저것은 절대 우연의 산물이 아니다. 오랜 세월에 걸친 노고의 결실이다. 저 목수는 고통과 어려움의 제물을 숱하게 바치고 이제 저런 경지를 누리고 있는 것이다.

여기서 내가 몽상해 보는 것은, 우리 인생에서도 리듬 타기의 방법을 쓴다면, 우리 각자가 겪는 인생의 본질에도 코페르니쿠스적인 전환이 올 것이 아닌가 하는 생각이다. 아니, 이것은 결코 몽상이 아니다. 얼마든지 실현 가능한 현실적인 얘기다.

잘 살펴보면 인생에도 크고 작은 여러 리듬이 있다. 날이 바뀌는 것도 달이 바뀌는 것도 계절이 바뀌는 것도 해가 바뀌는 것도 다 리듬이다. 대개 좋은 일 뒤에는 언짢은 일이 오고, 언짢은 일

뒤에는 좋은 일이 온다. 좋은 일 언짢은 일이 어떤 사이클을 타고 순환하는 것이다. 이 사이클을 잘 탈 수 있는 솜씨와 마음가짐을 연마하자는 것이다. 이것이 '삶의 리듬 타기'다.

이 리듬 타기에 숙달하면, 슬프고 어렵다고 해서 비관할 필요도 없고, 기쁘고 신난다고 해서 좋아할 것도 없다. 그리하여 그날이 그날 같은 잔잔한 삶을 보낼 수 있고, 이것은 이른바 '일일시호일'(日日是好日)의 경지에 가까워지는 것은 아닐까. 그리하여 힘들고 파란 많은 이 사바세계가 그런대로 즐거움 넘치는 지상 낙원으로 변하는 것이다. 이 일이 그렇게 불가능한 일일까.

리듬이란 시간의 규칙적인 분할이요, 그것의 반복이다. 이것은 어떤 일에 대한 우리의 습관들이기의 과정과 다를 바가 없고, 또 수도원에서 수도자가 지향하는 바와도 그리고 또 누구든지 도 닦는 이가 도를 닦는 과정과도 다를 바가 없다.

삶의 리듬 타기의 경지가 깊고 높아지면 그것이 곧 성인의 경지가 아닐까 하는 생각을 해 본다. 삶의 리듬 타기에 숙달하면 그것은 또 예언의 능력과도 친해지는 것이 아닌가 싶기도 하다. 인생에서 생기는 크고 작은 일의 주기를 잘 살피고 그것들과 친해짐으로써, 다음에 어떤 경우가 올 것인가에 대한 예견이 어느 정도 가능할 것이고, 이것이 인생의 리듬 타기의 예언성이다.

'삶의 리듬 타기'야말로 인류가 원죄의 무거운 짐 밑에서 허덕일 것을 미리 알고 하느님께서 살짝 마련해 놓으신 고통 덜기의 묘법이 아닐까.

사랑은 죽음이다

이 무거운 명제에 진리성(眞理性)이 있는지 없는지의 여부는 우리가 섣불리 판단하기보다도 역사적인 사례(事例)를 보는 편이 낫다. 목숨을 바쳐 큰 사랑을 실천한 사례는 적지 않다. 이순신 장군이 목숨을 바쳐 나라를 살렸고, 안중근 의사 역시 구국 운동을 위해 목숨을 버렸다.

뭐, 그렇게까지 위대한 인물을 끌어대지 않더라도 큰 사랑을 위해서 목숨을 바치고 싶다는 염원 한번 가져보지 않은 사람 역시 드문 것이 아닌가 싶다. 사람에게는 자기만을 사랑하려는 작은 이기적 사랑도 있지만, 자기를 넘어서는 큰 이타적 사랑을 지향하는 마음도 본성적으로 있는 것이다.

참사랑은 역시 희생이다. 그러기에 사랑은 신비다. 우리는 신비를 해명할 수는 없다. 다만 신비에 대해서 이런저런 묵상을 해 볼 수는 있다. 다음은 이러한 묵상에서 주운 나의 작은 이삭 같은 것이다.

사랑에도 많은 종류가 있겠지만 사랑을 대표하는 것은 역시 '아가페'(agape)일 것이다. 사전을 보면 '아가페'는 '비타산적인 사랑', '그리스도교도의 최고의 형제애' 이렇게 정의가 되어 있다. 평범하면서도 적절한 설명이다. 그러나 '비타산적'이란 말은 역시 사랑의 신비를 가리키고 있다. 손해 보는 것이 사랑의 본질에 포함돼 있다면 사랑을 좇는 이야말로 바보가 아닌가. 그러나 위선자가 아니고서는 물질적으로 수지를 맞추기 위해서 사랑을 추구하는 이는 없다. 사랑은 물질적인 손익 계산을 위한 것이 아니라 기쁨을 위해서 있는 것이다. 그리고 참으로 큰 사랑이야말로 우리에게 고통을 넘어서는 기쁨을 준다. 소설가 파울로 코엘료는 '모든 것을 소멸시키는 아가페'란 말을 쓰고 있는데, 이 말 역시 매우 설득력이 있는 표현이다. 이 말을 세상에 '아가페'보다 더 값진 것은 없다는 뜻으로 풀이해도 무방하지 않을까.

'사랑은 죽음'이라는 무거운 명제에 앞서서 우선 생각해 볼 수 있는 것이 '사랑은 시간이다' 하는 명제다. 이것은 '사랑은 죽음' 보다도 훨씬 가볍고 또 일상성(日常性)을 띠고 있다. 누구나 하고 싶은 일이 많을 수 있다. 등산도 하고 싶고, 바둑도 두고 싶고, 그림도 그려 보고 싶고, 동창회에도 한번 얼굴을 내밀어 보고 싶고, 또 그리운 사람을 만나보고 싶기도 하다. 시간은 제한이 되어 있어서 동시에 두 일을 할 수는 없다. 때가 되면 그 사람의 속마음이 드러난다. 제일 마음이 쏠리는 일에 시간을 바치는 것이다. '사랑은 시간'보다 더 들어맞는 일상적 진리란 없다.

그런데 죽음이란 어떤 한 사람이 평생 동안 누리는 시간의 총합이며, 또한 최종적인 결론이다. 죽음이야말로 우리 삶의 절대적 가치의 척도며, 궁극의 열매다. 우리가 죽음에 대해서 모르고 있는 것이 너무나 많다는 것도 사실이지만, 죽음에 대해서 실감할 수 있는 부분도 많다. 우리가 희생 제물로 바칠 수 있는 것 중에서 목숨보다 더한 것이 무엇이 있겠는가. 목숨을 바치겠다고 하는 것은 그 사람이 소유하고 있는 모든 것을 바치겠다는 뜻과 다를 바가 없다. 따라서 가장 큰 사랑에 대한 은유적 표현은 '사랑은 죽음이다'가 될 수밖에 없다. 성경에서는 이 일을 "친구들을 위하여 목숨을 내놓는 것보다 더 큰 사랑은 없다"(요한 15,13)고 간결하게 마무리하고 있다.

인류 역사가 시작된 이래 죽음으로 사랑을 맺는 보기는, 이 일이 흔히 일어나는 것은 아님에도 불구하고, 그야말로 하늘의 별처럼 많을 것이다. 그러나 그 모든 사례 중에서, 가장 완벽하고 극적이며 감동적인 보기는 바로 예수님의 수난이다. 그리고 이 일은 인류 역사가 종말하는 그때까지 변함이 없을 것이다. 그 까닭은 예수님이 수난의 고통스러움을 그렇게 생생하게 내다보시면서도 완전 자유 의지에 의해서 그 수난의 과정을 한 치의 어김도 없이 실천하셨다는(참아 받으셨다는) 점에 있다. 겟세마니에서 "아버지, 아버지께서 원하시면 이 잔을 저에게서 거두어 주십시오.

그러나 제 뜻이 아니라 아버지의 뜻이 이루어지게 하십시오"(루카 22,42) 이렇게 기도하시는 예수님처럼 처절하고도 비장한 모습을 우리는 절대 딴 곳에서 찾아볼 수 없다. 벌써부터 예수님은 수난을 얼마나 아파하시는가. 그럼에도 불구하고 그 수난을 정면에서 받아 안으시려는 예수님의 순명과 결심이 얼마나 확고한가. 예수님은 우리에게 가르쳐 주신 일 가운데에서 몸소 실천해 보여 주시지 않은 것은 하나도 없다. 그중에서도 예수님이 시종 수난을 겪으시는 자세는 사랑은 죽음이란 명제에 대한 얼마나 완벽한 시범이란 말인가.

사순 시기에 즈음하여, 무거운 주제를 가지고 이런저런 생각을 해 보았다. 우리가 목숨을 버리면서까지 '아가페'를 크게 실천할 수는 없다손 치더라도, 그때그때 작은 일에서 자기를 넘어서는 아가페적 사랑을 실천할 수는 있지 않을까. 어차피 원죄의 굴레에서 벗어날 수 없는 고달픈 우리 인생이다. 늘 즐겁고 행복한 생각만 할 일이 아니라, 때로는 죽음을 주제로 하는 묵상 따위 어둡고 무거운 상념(想念)에도 마음을 써야 하지 않을까 하는 생각도 해 보는 것이다.

사랑은 기억이다

"천년만년 살고지고." 민요에 나오는 구절이다. 사랑하는 이와 함께 천년만년 살 수 있다면 얼마나 좋을까. 그러나 사람의 몸은 슬프다. 몸이 견딜 수 있는 시간의 단위가 100년이 되기 어렵다. 회혼례(回婚禮)를 맞이하는 부부가 얼마나 희귀한가.

그런데 유교의 가르침을 한마디로 표현하자면 '인'(仁)이 될 것이고, 불교는 '자비'(慈悲)가 될 것이고, 그리스도교의 경우는 '사랑'이 될 것이다. 모두 다 공통적인 뜻을 지니고 있으면서도 의미의 낌새는 미묘하게 서로 다르다. 이 중에서 나는 '사랑'이란 말을 제일 좋아한다. 첫째 '사랑'이란 발음이 너무 좋고, 둘째 뜻을 알기 쉽고, 셋째 그리하여 이 말은 어린이도 젊은이도 늙은이도 다 함께 마음 놓고 쓸 수 있기 때문이다. '인'이나 '자비'는 어린이가 사용하기에는 아무래도 무리다.

한편 인간뿐 아니라 모든 생물이 지니는 '기억'이란 또 무엇인가? 생각해 보면 기억이란 것도 참 신비한 것이다. 과학자들은 기억의 메커니즘을 풀기 위해서 애를 쓰겠지만, 설사 기억 과정의 얼개가 다 드러나더라도 기억이 신비라는 실감을 흐리게 할 수는 없을 것이다.

물론 기억 작용을 맡고 있는 기관은 우리의 두뇌지만, 기억이 머물고 사는 '곳'은 시간이다. 동을 기억하건 서를 기억하건 어디를 기억하건 간에 지금을 기억한다는 것은 말이 안 되며, 미래를 기억한다는 것은 더욱 말이 안 되고 (물론 시에서는 가능하지만), 기억이란 언제나 과거를 기억하는 것이다.

기억은 과거와 현재의 공존이다. 과거가 현재에서 사는 것이(엄밀히 말하면 살게 하는 것이) 기억이다. 참으로, 마치 '뫼비우스의 띠'처럼 기묘한 일이지만, 그러나 이 일은 틀림없는 현실이다. 오늘은 또 저 건너편의 미래와 연결될 것이니, 기억은 또 과거와 미래의 공존이기도 하다. 그러고 보면 기억은 과거와 미래를 연결하는 신성한 끈이라 해도 안 될 것은 없다.

"영원히 사랑해요." 이렇게 사랑하는 사람끼리 속삭인다. 그러나 이 말이 얼마나 슬프고 허망한 말인가. 빠른 시간의 여울에서 육신은 티끌로 돌아갈 것이고, 그보다 앞서 변덕을 이기기 어려운 마음이 한결같기를 어찌 바랄 수 있겠는가. 하물며 단맛만을 빨아먹으려 하기 일쑤인 젊은 연인들의 경우 이 얼마나 공허하고 거짓된 넋두리란 말인가.

허나 사람이란 존재가 그리 단순하기만 한 것은 아니다. 정말로 '영원히 사랑하고픈' 간절한 희구(希求)가 이러한 속삭임에 섞여 있는 것은 아닐까. 그리하여 이 말이 거짓되고 공허한 메아리가 아니라 깊숙이는 보석처럼 반짝이는 진실성을 품고 있는 것은 아닐까.

물론 그렇다. 그렇지 않을 리가 없다. 사랑은 신비니까. 아니, 사랑은 모든 신비의 근원이라 해도 틀리는 말은 아닐 터이니까. 단 여기에는 한 가지 조건이 따른다. 죽음을 넘어서는 사랑이라야 한다는 조건이다. 죽음을 넘어서는 사랑은 자아(自我)를 훨씬 넘어서는 큰 사랑이다. 이런 사랑이 어찌 영원하지 않겠는가.

여기에서 나는 한 원리를 세워 본다. 즉 "기억의 길이는 사랑의 크기에 비례한다"는 아주 단순한 원리다. 큰 사랑은 오래 간다. 동시에 큰 사랑은 오래 기억된다. 죽음을 넘은 무한히 큰 사랑은 영원에 맞닿아 있다. 영원히 기억될 수밖에 없다. 예수님의 경우가 그렇다.

'기억'과 '기념'은 거의 동의어다. '기념'에 해당하는 영어 'commemoration'에도 '기억한다'는 뜻이 포함돼 있다. 다만 '기념'이 '기억'보다는 의미 폭이 더 넓다. 찬미와 흠모의 정서와 더불어 하는 '기억'이 '기념'이다.

큰 사랑을 오래 기억하는 것은 기억하는 이의 정성이 지극해서만 그렇게 되는 것이 아닐 것이다. 큰 사랑을 베푸는 이가 사랑

받는 이에게 오래오래 기억할 수 있는 힘까지도 함께 주는 것으로 보면 어떨까.

　영원한 이별이 눈앞에 다가오고 있기에 슬프고도 불안한 분위기가 감도는 최후의 만찬 때 예수님은 사도들에게 "너희는 나를 기억하여 이를 행하여라"(루카 22,19) 하고 말씀하셨다. 예수님이 세상을 떠나신 후 2천 년 동안 예수님을 기억하고 기념하는 사람들의 열성이 얼마나 더 뜨거워지고 있는가. 의식과 제례가 얼마나 더 성대해졌는가. 예수님은 무한한 사랑뿐만이 아니라 예수님의 사랑을 기념하는 열성까지도 우리에게 은총으로 내려주시는 것이다.

　예수님이 우리에게 주시는 은총 중에서도 단연 제일 큰 은총의 선물은 예수님의 '부활'이다.

　부활의 계절에 우리는 예수님의 수난과 부활을 기념하고 찬미한다. 그러나 찬미만 해서 될 일이 아니다. 예수님을 따르며 조금이라도 더 닮으려는 노력, 이것이 진정한 의미에서 예수님을 찬미하는 길이 아닐까.

　인간의 정신은 그 자체로 영원하다. 사랑은 더욱 영원하다. 그러나 사랑은 오직 기억을 통해서만 영원해지는 것이다. '영원히 사랑해요' 하는 한숨 섞인 이 말은 기실 인류의 가장 진실된 염원을 담고 있다.

나의 어머님은 셋

만남은 짧고 이별은 길다. 이런 사정을 단화해서 말하면 만남은 순간이고 이별은 영원하다. 이런 점으로 보더라도 인생의 본질은 역시 비극적이다. 이러한 인생에서 그래도 우리가 행복하게 살 수 있는 것은 아마 이 세상에 사랑이 있기 때문일 것이다.

사랑 자체이시며, 그렇기 때문에 사랑의 근원이신 하느님을 우리가 흠숭·찬미해야 함은 너무나 당연한 일이다. 그러나 하느님은 초월적인 분이시기 때문에 하느님만을 온전히 사랑한다는 것은 우리 인간에게는 너무 벅찬 일이라는 것 또한 부인할 수 없다. 그래서 우리에게 예수님이 오신 것이라 해도 틀리는 말은 아닐 것이다. 하느님이시며 동시에 사람이신 예수님. 예수님이 하느님과 우리 사이를 얼마나 좁혀 주시는가. 그러나 예수님 역시 흠숭의 대상이기도 하기 때문에 우리가 예수님을 사랑하는 경우에도 마땅한 예절을 벗어나서는 안 된다.

지상에서 우리가 제일 뼈저리게 느낄 수 있으며, 늘 눈물겹도록 그리우며, 가장 절실하게 느껴지는 사랑은, 인생에서 따뜻한 햇살과도 같은 어머니의 사랑이다. 지상에서 어머니의 사랑만큼 크고 깊은 것은 없다. 사람끼리의 일 가운데서 어머니의 사랑만큼 희생을 마다하지 않는 사랑이 또 있겠는가. 그렇기 때문에 무엇인가 운명의 장난에 의해서 일찍부터 어머니의 사랑을 여읜 사람이야말로 세상에서 제일 불쌍한 사람이라 하지 않을 수 없다. 이런 점에서 나는 나 자신을 가장 행복한 이라 (하느님께 감사) 감히 말씀드릴 수 있겠다. 왜냐하면 나에게는 어머님이 세 분 계시기 때문이다.

한 분은 나를 낳고 키워 주신 어머님. 또 한 분은 어머님의 사랑이나 거의 다름없는 사랑으로 나를 사랑해 주신 나의 작은어머님(叔母)이시고, 또 한 분은 만인 누구에게나 어머님이 되어 주시는 크고도 자애로우신 성모 마리아 어머님이시다. 세상에 이렇게 다행스러운 일이 또 있겠는가.

나의 어머님은 대구 서 씨로서, 세례명은 카리타스셨다. 사리 판단의 기준이 정확하고 엄정하셨으며, 어려움에 처해서 그 의연하심은 아무도 따를 수 없었다. 나는 이러한 점이 대구 서 씨의 공통적인 특질이 아닌가 하는 생각을 해 본다. 그렇다고 어머님이 따뜻하지 않았던 것은 아니다. 게다가 가끔 주변 사람들을 웃게 하신 유머 감각은 일품이었다.

　내가 병약했던 젊은 시절을 무사히 넘길 수 있었던 것은 순전히 어머님 사랑의 힘이다. 한때 나는 심각하게 자살을 생각한 적이 있었다. 그러나 홀로 남게 될 어머님의 비탄을 생각하면 도저히 자살 같은 짓을 저지를 수는 없었다. 어머님의 사랑이 내가 자살을 하지 못하게 한 것이다.

　작은어머님을 생각할 때 나는 저절로, '아, 또 한 분의 어머님!' 이렇게 중얼거리게 된다. 작은어머님만큼 나를 깊이 이해해 주신 분은 없었다고 말해도 과언은 아니다. 내가 작은댁을 가면 꼭 "시인 왔나!" 하고 반겨 주셨다. 내가 시인이 된 것을 작은어머님만큼 귀히 여겨준 분이 누가 또 있는가. 내가 서양 고전 음악을 좋아하니까, 작은어머님도 '찬경이가 좋아하니까' 하는 이유 하나만으로 무척 열심히 고전 음악을 들으려고 힘쓰셨다. 그러나 무엇보다도 작은어머님은 원래부터 비길 바 없이 자애롭고 따뜻한 가슴을 지닌 분이셨다. 세례명이 소화 데레사인 작은어머님은 만년에는 거의 성녀가 다 된 생활로 일관하셨다. 오로지 기도 속에서만 사셨다.

　나의 어머님과 작은어머님의 공통점은 두 분 다 천수를 누리셨다는 점이다. 그리고 또 임종이 너무도 고요하고 평화스러웠다는 점이다. 나의 어머니는 2000년 10월, 95세의 나이로 돌아가셨는데, 마지막 모습이 너무도 평화스럽고 고요해서 언제 숨이 멎고 심장의 고동이 멎었는지 알 수 없을 정도였다. 작은어머님은 2002년 6월에 91세의 나이로 돌아가셨는데, 작은어머님 역시 고요와 평화 속에서 세상을 떠나셨다. '가르멜회' 3회 회원이셨던 작은어머님은 3회의 수도복을 수의로 입으시고, 관 속에서 흰 꽃에 묻혀 계셨었다. 그 맑고 인자하신 얼굴 모습을 잊을 수가 없다.

두 분 나의 어머님은 떠나셨어도, 나에게는 또 한 분의 어머님이 계시니 바로 인자하신 성모 마리아 어머님이시다. 하늘에서 천상 모후의 관을 쓰고 계신 이 성모 어머님은 이제 영원히 죽지 않는 어머니이시며, 또 모든 믿는 이를 자녀로 두신 기적의 어머님이시다. 나는 1983년에 루르드에서 성모님을 만나 뵌 후 성모님과 더욱 친해졌다.

예수님이 하느님과 우리 사이를 중재해 주시듯 성모님은 예수님과 우리 사이를 중재해 주신다. 예수님께 직접 말씀드리기 어려운 것은 성모님께 하소연한다. 나는 인기척이 드문 깊은 밤, 또는 이른 아침에 홀로 성모님을 만나 뵙는 기쁨을 남몰래 누리고 있다. 그리고 성모님께 빈다.

하느님의 어머니시며 따님이신 성모님

원죄 없이 이 세상에 오신 성모님

성령님에 의한 무염시태로 구세주 예수님을 낳으신 성모님

몽소승천하신 성모님

믿는 모든 이의 믿음과 참아 받음의 으뜸 귀감이신 성모님

모든 여인 중에서 가장 아리따우시고 빛의 옷을 두르신 성모님

저희들 모두의 어머니이신 크옵신 성모님

믿음이 약한 저희들을 위하여 하느님께 빌어주소서.

점진소거법(漸進消去法)

'점진소거법'(漸進消去法)? 아니면 '인접공략법'(隣接攻略法)이라는 편이 나을까?

50대에 어깨가 아픈 것을 두고 흔히들 '50견(肩)'이라 한다. 60견이니 70견이니 하는 말은 아예 없는 것을 보면, 이 나이에는 어깨가 아프거나 말거나 별로 화제가 되지도 않는 모양이다. '살 만큼 살았는데, 어깨쯤 아프거나 말거나 그게 무슨 상관이야.' 아마 이렇게들 생각하는 모양이다.

나도 2년 후면 80대에 진입하니까, 지금부터 슬슬 80객 행세를 해도 크게 유표할 것은 없지만, 어쨌든 간에 지금까지 어깨 통증으로 꽤 시달려 온 것은 사실이다.

노인들의 어깨 아픈 증상처럼 예측 불가하고 요사스러운 것도 없다. 난데없이 왼쪽 어깨가 아프다. 너무 아파 옷도 잘 입지 못할 정도다. 그런데 한 두어 달 지나면 그것이 씻은 듯이 낫고, 이번에는 오른쪽 어깨가 같은 식으로 아프다. 그러고는 그것도 얼마 지나면 말끔히 나아버린다. 그러니 이것은 병이랄 것도 없고, 다만 노쇠 현상의 일환일 뿐이다. 병원엘 가도 별로 신통한 소리를 들을 리 만무하다. 고작 무슨 주사 한두 대 맞거나, 아니면 상식적인 물리 치료를 받는 정도가 고작이다.

물론 주사를 맞으면 일시적인 효과는 있다. 한방의 침도 그렇고, 소위 수지침이라는 것도 그렇고, 뜸도 그렇고, 부황을 뜨는 것도 그렇고, 또 전문 직업인에게 마사지를 받는 것도 모두 일시적인 효과는 분명히 있다. 그러나 이제 됐다 싶을 때면 반드시 슬그머니 다시 도진다. 노인성 어깨의 통증에 관한 한 그 낫고 안 낫고는 우리의 마음이 아니라 철두철미 '아픔님'의 마음이다.

하지만 사람이 늘 당하고 있을 수만은 없다. 나도 이제 어깨 아픈 것에 대항해서 궁리궁리 끝에 드디어 묘법을 발견했고, 또 그것을 발전시켜 이젠 별 걱정 없이 지내고 있다. 그것이 바로 '점진소거법' 아니면 '인접공략법'이다.

이상하게 노인이 어깨가 아픈 경우는 대개 한쪽 어깨만 아프며 양쪽 모두 아픈 경우는 극히 드물다. 어깨가 아픈 쪽 팔을 살살 놀려 본다. 아무리 아파도 팔을 조금도 움직이지 못할 정도는 아니다. 팔을 요리조리 돌리거나 움직여 보면 깜짝 놀랄 정도로 아픈 각도와 방향이 있고, 전연 그렇지 않은 각도와 방향이 있다. 어깨 아픔이 아무리 심해도 어깨와 팔 전체를 지배하지는 못하며, 대개 아픔의 영토가 있는 것이다. 그러니 아프지 않은 부분은 나의 영토다. 조심조심 잘 살펴 각도를 맞춰 팔운동을 한다. 균형을 맞추기 위해 아프지 않은 쪽 팔도 함께 움직인다. 이렇게 해서 그때그때마다 운동 패턴이 정해진다.

이 패턴에 따르는 운동을 가능한 자주자주 오래오래 지속하는 것이다. 한자리에서 200번이고 300번이고 지속한다. 너무 힘들여서 무리하지 말고 부드럽게 아주 부드럽게 살살 양팔을 움직인다. '아픔님, 여기서 노는 것은 괜찮지요!' 이런 말도 해가며 계속 팔을 움직인다. 그러면서 팔을 움직이는 각도를 아픔의 영토 근처에 살살 접근시키는 것이다. 더러는 아플까 말까 한 경계선까지 접근한다. 그리고는 끈기 있게 운동을 지속한다.

이때쯤 되면 아픔이 불안을 느낄 수밖에 없지만, 정면에서 시비를 거는 것이 아니니만큼 어쩔 도리가 없다. 반면에 아픔 바로 둘레의 근육이 강화되고 놀랄 만한 활력이 생겨, 그것이 아픔을 압박하며 마침내 아픔이 완전 소거(消去)되는 것이다. 독자 여러분께서 믿어주시거나 말거나 상관없지만, 나는 지금까지 이 방법으로 여러 번 실효를 거두었고, 결국엔 아픔을 녹여 없애 버렸다. 아픔이 사라지는 속도가 이른 봄에 눈 녹는 정도는 못 되어도, 좋은 벼루 물 마르는 정도는 된다. 돈도 안 들고 의사한테 갈 필요도 없어 좋긴 하지만, 다만 상당한 끈기와 참을성이 필요하다.

지금까지 어깨 통증을 몰아내는 '점진소거법'에 관하여 말씀드렸지만, 실은 이때 내가 의도하는 바가 또 한 가지 있다. 점진소거법으로 우리의 나쁜 습관 같은 것도 한두 가지 차례차례 몰아낼 수 있지 않을까 하는 생각을 해 보는 것이다. 예수님도 우리에게 "하늘의 너희 아버지께서 완전하신 것처럼 너희도 완전한 사람이 되어야 한다"(마태 5,48)고 말씀하신다. 나쁜 버릇 떼기가 그리 쉬운 일은 아니다. 나쁜 습관을 한꺼번에 없애려고 무리하지 말고, 점진소거법으로 조금씩 조금씩 소멸시킬 수 있지 않을까. 그리하여 나도 평생 지속되는 똑같은 내용의 판박이 고해성사에서 벗어날 수 있지 않을까…….

어깨 아픔의 점진소거법을 발견했다고 해서 내가 무조건 아픔에서 벗어나려고만 하는 것은 아니다. 고통과 시련은 우리를 단련시킨다. 그래서 나는 더러 이렇게 기도한다.

"오, 하느님, 제가 아픔과 어려움에서 벗어나려고 바둥거리기만 하는 것은 아닙니다. 하느님께서 아파라 하시면 아파하고, 겪어라 하시면 겪습니다. 그러니 제게도 제가 감당할 수 있을 만한 시련을 주십시오."

인생과 의미

전에 내가 성균관대에 근무하고 있었을 때, 잘 알려진 철학과 교수 한 분이, 자기는 구약성경에 나오는 솔로몬 왕의 "아아, 헛되도다! 헛되도다!" 하는 말이 늘 머리에서 뱅뱅 돈다고 말한 적이 있다. 나는 이 유능한 젊은 철학가의 입에서 이런 말이 나온다는 것이 너무나 의외여서, 매우 인상적이었다. 하긴 그 교수는 단순히 연구만 잘하는 학자라기보다는 어딘가 멋이 있는 분이었다. 솔로몬 왕의 그 '헛되도다!'의 한숨이 어찌하여 그에게 그렇게 매혹적인가를 물어보지는 못했다. 그래서 30년이 지난 지금에 와서도 이 점이 풀리지 않은 문제로 남아 가끔 나의 머리에 떠오르곤 한다.

이젠 할 수 없다. 새삼스럽게 물어볼 수도 없고, 그저 나는 자문 자답하는 식으로 이 문제를 삭이는 것이다.

솔로몬 왕은 지혜와 영화의 극치를 누린 사람이다. 그런 위인 (爲人)이 '헛되다'고 해쌌는다면 인생을 헛되다고 아니할 자 누가 있겠으며, 인생에서 애써 뜻을 찾아 하루하루 땀 흘리며 살아갈 자 누가 있겠는가. 솔로몬 왕의 탄식이 그 후 모든 이들의 가슴에 희망과 빛을 주는 말인가, 아니면 모든 이에게 한숨과 포기를 심 어주는 유해한 심경 노출인가?

인생에서 한 번 의미를 놓치기 시작하면 걷잡을 수 없이 모든 것에서 의미가 날아가 버린다. 애써 한두 가지 일을 성취해 봐야 그게 무슨 소용이 있는가. 그 다음에 닥쳐올 만사 덧없다는 느낌 이 바로 눈에 보이지 않는가. 큰돈을 벌어 봐야 무엇 하나. 노년이 바로 코앞에 와 있고, 또 돈이 좀 생겼다 싶으면 그 좋았던 평화의 시기, 행복의 시기는 온 데 간 데 없고 가족끼리 한 푼이라도 더 차지하려는 추잡한 싸움이 시작되는 게 아닌가. 한 번 인생이 허 무하다는 생각에 사로잡히게 되면 허무의 바닥은 끝도 없이 아래 로 아래로 가라앉기만 한다.

자살한 일본의 천재 작가 아쿠다가와 류노스케(芥川龍之介)는 인 생은 보들레르의 시 한 줄만도 못하다고 말했다. 인생을 허무의 사막으로 보게 된 천재 작가가 마지막 구원의 수단으로 필사적으 로 예술에 매달리는 몸부림을 보는 것 같아 처절하기만 하다.

그러나 하느님은 인간에게 그렇게 일방적으로 삭막하고 허무 하기만 한 인생을 주신 것은 아니다. 암담하고 절망적인 긴 밤을

잠 못 이루고 샌 사람이라도 날이 밝아 우연히 마당에 섰을 때 스스로의 감성의 밑바닥을 뒤흔드는, 아니 영혼의 심부마저 떨리게 하는 감동과 찬미의 느낌이 거센 화산처럼 솟구칠 때가 아주 없으란 법이 있는가. '나 같은 허무주의자가 이런 감상(感傷)에 빠져서는 안 되는데!' 하고 따져봐야 소용없다. 반짝이는 저 이슬방울의 신비. 피부에 너무나도 상쾌하게 스미는 산들바람의 손길. 해와 바다의 물결이 서로 어우러져 춤을 추는 저 은파(銀波) 금파(金波)의 무궁동(無窮動)! 아니 인생엔 이런 면도 있었던가! 하고 감탄할 겨를도 없다. 허무가 허무를 부르고, 절망이 절망을 부르듯이, 한 번 길이 열리고 방향이 바뀌기만 하면 인생의 의미가 의미를 부르고 감동이 감동을 낳고 찬미가 더욱 큰 찬미로 이어져 인생은 그야말로 의미의 바다, 뜻이 하늘이 된다. 매사가 너무도 반갑고 고맙다. 작은 일도 그러하거늘 하물며 큰 일에서랴!

어린 손자 손녀가 웃으면서 할아버지 할머니를 부르며 뛰어온다. 이런 때 인생에 의미가 있는지 없는지 따질 것인가. 인생엔 무조건적인 의미, 무조건적인 행복이 너무나 아무렇지도 않게 널려 있다. 산에서 보는 작은 풀, 해변에서 줍는 조약돌, 조가비, 들여다보면 볼수록 뜻의 심연이다. 우리가 살아나가면서 겪는 모든 일이 알고 보면 이렇다. 그러니 인생이야말로 뜻의 심연이라 하지 않을 수가 있겠는가.

잘 살펴보면 인생은 신나는 시간과 암담하게만 느껴지는 시간이

번갈아 교차하며 밀려오는 것을 알 수 있다. 어둠과 밝음의 순환 운동이다. 그러니 이러한 주기적 리듬을 잘 살피고 이러한 물결을 잘 타서, 암담할 때 너무 우울해 하지 말고, 기쁠 때 너무 들뜨지 않는 것이 슬기로운 처사일 것이다. 감정의 밝음과 어둠의 격차가 너무 커지면 그것은 벌써 다소 병적인 증상에 가까워지는 것이 아닌가 의심해 봄 직하다. 생각해 보면 나에게도 그런 위험한 시기가 있었다. 어떻게 잘 넘기긴 하였지만…….

인생의 본질이 허무냐, 아니면 뜻의 보고(寶庫)냐 하는 문제에서 사실은 허무 쪽으로 보는 것이 정답이다. 그것은 인생의 끝에는 죽음이 기다리고 있기 때문이다. 죽음은 모든 것을 깨끗이 지워 없애버린다. 만약에 인생이 죽음 너머 아무것도 없는 영원한 죽음만으로 마감되는 것이라면 인생의 본질은 허무 그 자체요, 허무주의자야말로 최대의 현자다.

그러나 예수님의 부활로 말미암아서 상황은 역전된다. 예수님의 부활로 죽음은 이제 그 독침도 흉포함도 다 잃고 영원히 죽게 되었으므로, 허무의 인생이 뜻의 인생으로 완전히 반전되는 것이다.

이제 나는 솔로몬 왕의 '헛되도다!'의 탄식이 풀리는 것 같다. 그 탄식은, 하느님을 떠나게 되면 모든 것이 헛되다는 탄식이 아니겠는가. 그렇지 않고서야 그 현자 중의 현자가 무조건적인 허무감에 빠져들 까닭이 없지 않은가.

감각의 축복

8월은 자연의 초록빛이 제일 짙을 때다. 초록들은 그냥 푸르다 못해 검푸를 정도다. 마치 초록빛이 타오르는 것 같다. 저 짙은 초록빛은 초목들이 소리 높여 부르는 삶에의 찬가라 해도 될 것이다.

하늘에서 태양은 이글거리며 타고 있고, 그 바람에 태양의 조명을 받는 양지와 그늘의 밝고 어두운 대조가 목탄으로 선을 그은 듯 선명하다. 8월이야말로 감각의 진폭이 최대한으로 커지는 때다. 그래서 시인 릴케는 "여름은 위대하였다" 하고 읊었나 보다.

우리 인간은 다섯 개의 감각을 가지고 있다. 손가락 발가락도 각각 다섯, 동양의 '음양오행'에서도 다섯이란 숫자, 감각도 다섯, 그렇다면 이 '5'란 숫자는 우연의 결과가 아니라 무엇인가 이 우주 및 존재를 관통하는 원리적인 이치를 품고 있는지도 모른다.

하지만 이러한 막연한 느낌이 내가 따라갈 수 있는 사색의 끝이다. 그 이상은 나의 사유 능력으로는 도무지 헤쳐 나갈 수가 없다.

다섯 개의 감각은 곧 인간이 우주와 교류·교감할 수 있는 다섯 개의 '창'(窓)이다. 이 창문으로 우리는 우주를 내다보고, 우주의 뭇 현상은 우리 안에 들어온다. 그런데 이 다섯 개의 창문은 흔하고 평범한 창문이 아니다. 다시 비유적으로 말해 본다면 이 다섯 창문은 눈이 부실 정도로 아름다운 색유리가 박혀 있는 창문이다. 감각 하나하나의 특성과 활동 내용을 이렇게 말해 본 것이다.

눈을 생각해 보자. 눈은 보는 대상의 형태를 알아보고, 명암을 식별하고, 직선과 곡선을 구별하고 형태의 유사성과 균형과 대조성을 판별한다. 뿐만인가. 저 색채의 영역은 얼마나 미묘하고 다채롭고 신비로운가. 눈(시각)에서 미술의 세계가 열린다.

귀는 어떠한가. 귀는 소리의 높고 낮음과 강약과 선율(멜로디)과 소리 색깔(음색)과 리듬(장단)을 식별한다. 뿐만인가. 동시에 울리는 소리끼리의 화음과 불협화음, 동시에 흐르는 둘 이상의 선율의 관계, 이런 것들을 심미적으로 감상하며 거기에서 서양 음악의 화성법과 대위법이 발전했다. 귀는 음악을 다스리는 감각 기관이다. 음악을 들을 때 우리 마음 안에 이는 정서의 파문은 얼마나 다양하고 웅장하며 현란한가.

미각, 후각, 촉각에도 그것들이 거느리는 예술의 분야가 없을 리 없다. 후각은 다도(茶道), 미각은 요리(料理). 요리도 예술인가. 아니란 법은 또 어디 있는가.

그런데 여기에서 짚고 넘어가야 할 문제가 하나 있다. 도대체 우리가 느끼고 맛보는 감각 작용의 내용은 그것이 사물의 본질에 속하는 것인가, 아니면 우리의 감각 기관이 불러일으키고 만들어 내는 일종의 주관적 인식 내용일 뿐인가?

반세기도 넘는 아득한 과거에, 그러니까 1956년경에 내가 쓴 시구에 이런 구절이 있다. "음향과 빛깔과 아마 향기마저도 / 실은 그들이 어디 있더냐. 암흑 속엔 / 순수한 파동뿐이다." 여기에서 나는 무슨 말장난이나 궤변을 늘어놓으려는 것이 아니다. 바이올린 주자가 바이올린의 줄을 활로 비비면 거기에 상응하는 공기의 파동이 일어난다. 이 파동은 우리의 고막을 흔든다. 그러면 우리는 그 흔들림, 떨림, 파동의 내용을 '소리'로 인식하고 감상하는 것이다. 그러니 소리는 바이올린에 있는 것도 아니고, 공기 중에 있는 것도 아니고, 바로 고막을 경계선으로 하여 우리 내부에 있는 것이다. 다시 말해서 소리는 우리 밖에 있는 그 어떤 것이 아니라 우리(생명체)의 내부에서 우리가 창조해 내는 그 어떤 것이다. 시각 현상도 마찬가지, 미각도 후각도 마찬가지. 우리 밖에는 다만 자극(파동)이 있을 뿐이다. 그리하여 자극(파동)이 감각 내용으로 바뀌는 현상을 일본의 철학자이자 심리학자인 구로다(黑田,

성만 알고 있을 뿐 이름은 기억하지 못한다)는 '불가사의(不可思議)한 전환(轉換)'이라 했다 한다. 그리고 이러한 범위 내에서는 이러한 생각은 절대 틀림없는 진실이다.

그러나 이런 생각이 바로 어렵고도 신비로운 문제의 기점(起點)이다. 밖에서 우리 안에 들어오는 파동 형태의 저 자극(기호, 또는 신호라 생각해도 되겠지만)은 순전히 우리 정신 작용의 창출물(創出物)일 뿐, 우리 밖에 존재하는 그 무엇과는 아무런 관계가 없는 것일까? 그러한 신호 체계는 작곡가의 영혼의 구조와 아무런 관계가 없는 것일까? 저 아름다운 풍경은 우리 밖 자연의 본질 모습과 아무런 관계도 없단 말인가?

여기에서 나의 논리적 사유는 끝이 난다. 나는 다만 나의 직관적인 느낌에 따르고 그것에 의존할(믿을) 따름이다. 모든 존재자(存在者)들은 서로서로 간절히 교류하고 싶어 하며, 또 실제로도 그것이 가능하게 그렇게 돼 있다. 그리하여 파동도 있고, 또 그 파동을 감각 내용으로 바꾸는 우리의 신비로운 생명 작용도 있는 것이다. 그리고 이런 모든 놀라운 현상은 두말할 것도 없이 생명 자체이신 하느님의 놀라운 창조에서 나오는 것이다.

"태초에 말씀이 있었다"는 말씀을 좀 더 부연 해석해 보면 "태초에 표현이 있었다"는 말과 다를 바가 없다고 느껴진다. 그리고 모든 예술은 그 자체 창조주와 존재 자체에 대한 찬미의 형식일 수밖에 없다. 인류가 쌓아온 인류 문화와 모든 예술 활동과 그 결과로 나온 저 산더미 같은 예술 작품들은 그것만으로도 하느님께 바치는 찬미가다. 그 내용이 얼마나 풍성하고 깊은가. 그래서 나는 소리 높여 이렇게 외치는 것이다.

"찬미할지어다 하느님!"

보이는 자(尺)와 안 보이는 자(尺)

이미 돌아가신 임충신(林忠信) 마티아 신부님께 한 기자가 성경에서 어느 구절을 제일 좋아하시느냐고 물었다가, 성경 구절이야다 좋은 구절뿐인데 더 좋고 덜 좋고를 어떻게 가릴 수 있느냐고 호되게 꾸중을 들었다는 얘기를 글에서 읽은 적이 있다.

그렇게 질문한 기자의 마음을 헤아리지 못할 바는 아니나, 일갈을 한 임충신 신부님의 심정도 짐작이 가는 듯싶다. 하나같이 불후의 명언, 불후의 진리를 담고 있는 것이 바로 성경이다. 마음 먹고 성경을 읽어 보면 구구절절 진리성의 덩어리여서 한숨이 나올 뿐이다. 그러기에 하느님이 저술하신 책이 아닌가.

나도 성경을 읽기만 하면 어느 때고 감탄, 찬탄이 뒤섞인 감격의 소용돌이를 결코 면치 못한다. 가볍게 읽을 수 없다는 점이 성경을 부담스럽게 만드는 까닭이기도 하다. 나는 성경을 읽고 감탄은 하되 어떤 경우에고 결코 복잡한 심정으로 감탄하지는 않는다.

극히 단순 소박하게 공감하며 성경 속에 빨려 들어간다. 성경은 그만한 힘과 깊이와 권위가 있다.

"세상의 모든 것을 얻는다 해도 너의 영혼을 잃는다면 그것이 다 무슨 소용이 있겠느냐." 정확한 인용은 아니지만, 성경에 이런 뜻을 담은 곳이 있음은 물론이다. 참으로 지당하고 지당한 말씀이다. 다시 한 번 찬탄, 감탄, 감사의 복판에 빠진다. 이 말씀 이상의 인생론적 지침을 담은 구절을 우리는 어디에서 또 만날 수 있을 것인가. 세상의 온갖 으리으리한 것, 번쩍번쩍하는 것을 얻었다 해도, 우리의 허영을 만족시켜 주는 권력을 마구 휘두를 수 있다고 해도, 세상의 온갖 맛있는 것을 다 먹을 수 있고 온갖 희귀한 쾌락을 다 누릴 수 있다고 해도, 그 바람에 영혼이 타락하여 영혼의 구원과 멀어진다면, 겉으로 보기에 화려한 이런 것들이 다 무슨 소용이 있단 말인가.

우리 영혼의 영원한 구원, 이것이 우리 인생의 제일 큰 목표일 수밖에 없다는 단순 명료한 사실을 우리는 왜 마음 깊은 곳에 늘 굳건히 간직하지 못하고, 흔들리며 방황하고 유혹에 빠지는 것일까. 그 이유야 많겠지만, 그중에 하나가 우리의 삶을 이끄는 기준 또는 자(尺)가 우리 눈에 확실히 보이는 경우보다는 보이지 않는 경우가 많다는 데에 있는 것이 아닐까.

인생의 성공 기준을 어디에, 무엇에 두느냐에 따라 우리 인생의 내용이 확 달라진다는 것은 길게 설명할 필요도 없다. 이때 '성공'이란 말의 정의도 문제이긴 하지만 '일이 아주 잘되는 경우'라고 쉽게 정의하고 말을 이어가도록 하자.

사람은 죽어서 관 뚜껑을 덮고 나서야 비로소 총체적인 평가를 받을 수 있다. 살아 있는 동안은 삶의 파란이 끝난 것이 아니어서 평가를 받기엔 이르다. 죽고 난 다음, 돈을 몇 조 원 벌었다든가, 국무총리 또는 국회의원을 몇 번 했다든가, 노벨상을 탔다든가, 영화의 주연상을 몇 번 탔다든가 하는 정도의 평가를 받는다면 그런 인생은 성공한 인생이라는 데에 대체적인 공감대가 있을 것이다. 이때의 평가 기준은 역시 눈으로 훤히 보이는 것이다. 즉 돈, 권력, 명성과 같은 것이어서 그 정도를 곧 수치화(數値化)하기가 쉽다. 돈 몇 조 원, 당선 몇 번, 수상 몇 번, 이런 식으로 말이다.

그런데 이런 인생만이 성공한 인생은 물론 아니다. 이미 세상을 떠난 어떤 사람을 놓고 많은 사람들이 '매우 착한 사람이었다'고 평가한다면 그것은 매우 성공한 인생이다. 그런데 이런 경우엔 그러한 인생을 평가하는 기준이 물리적인 것이 아니고 순전히 마음의 일이라 그러한 정도를 숫자로 표시할 수가 없다. '80'만큼 착하다든가 '100'만큼 착하다든가 하는 표현이 불가능하며 그저 '매우' 착하다는 정도의 표현이 가능할 뿐이다. 즉 보이지 않는 잣대로 평가할 수밖에는 없다.

영국의 공리(功利) 철학자 제레미 벤담(1784~1832년)은 '강도(強度), 지속성, 확실성, 원근성, 다산성, 순수성, 범위'와 같은 일곱 가지 기준으로 쾌락과 고통을 수치화하고, 이 수치 값에 따라 개인이나 사회 행복의 총화를 계산하려 했는데, 이것이 이른바 '벤담의 행복 계산'이다. 보이지 않는 기준을 가시화하려는 노력의 일환으로 볼 수 있지 않을까 싶다. 또 한 가지 직각사각형의 변의 비율이 대략 5:8이 되면 가장 미적으로 완벽하며, 이 비율을 이른바 '황금 비율'이라고 한다는 것은 널리 알려져 있다. 이런 경우는 '미(美)의 기준의 숫자화'라 할 수 있을 것이다.

나는 여기에서 다음과 같은 기준을 상정해 본다. 한 사람이 생전에 얼마나 많은 사람들의 마음의 지세도(地勢圖)에 얼마나 많은 면적의 무늬를 남겨놓고 갔으며, 그 무늬를 무슨 빛깔로 물들이고 갔는가 하는 기준이다. 이것 역시 보이지 않는 자(尺)에 속할 것이다. 그 사람이 만인의 사랑을 받았다면 그 무늬의 면적은 그만큼 넓어지게 되며 그 무늬도 빛깔도 그만큼 고울 것이다. 생전에 친구가 별로 없었다면 기억의 무늬의 면적 수치는 적어질 수밖에 없다.

이런 기준을 생각하게 된 직접적인 동기는 지난 5월에 선종하신 피천득 프란치스코 선생님 때문이었다. 그 맑음과 진실성으로

만인의 가슴에 사랑을 심고 가신 피 선생님에 대한 만인의 기억
의 총면적이 퍽이나 넓고 고우리라는 생각을 해 본다.

우리는 '눈에 보이는 자' 못지않게 '눈에 보이지 않는 자'에도
마음을 써야 한다. 눈에 보이지 않는 자는 대개 하느님의 자다.

내공(內功)

언제부턴가 사람들은 이 말을 쓰기 시작했다. 참 좋은 말이다 싶어 나도 요새는 이 말을 더러 쓴다. 하지만 사전에 나올까? 하는 의심이 생겨 꽤 큰 사전을 보았더니, 역시 예상대로 이 말은 안 나온다. 내공(內攻), 내공(內空), 내공(內供), 내공(來貢), 내공(耐空), 내공(乃公) 정도가 나와 있고 '내공'(內功)은 없다.

여기서 '공'에 '功'을 넣은 것은 순전히 내 판단에 의한 것이다. 이 글자 이상으로 적절한 한자는 없으리라는 점에 대해서만은 나는 자신을 갖는다. '功'에는 표 안 나게 안에서 쌓는다는 함의(含意)가 있을 뿐만 아니라 '묵주 신공'의 경우처럼 기도한다는 뜻까지 포함되어 있으니 말이다.

'내공!' 다시 한 번 이 말을 음미해 본다. 정말 좋은 말이다.

내공이란 안으로 실력과 힘을 쌓는 일이라 생각하면 될 것이다.

원래는 이 말이 무예(武藝)를 닦는 사람들의 전용어라는 점에 이의는 없을 것이다. 내공이 깊은 무예인은 가만히 있어도 그 위엄이 주위에 퍼진다. 그러나 이 말을 인생에 그대로 적용해도 하나도 어색할 리가 없다. 인생에서도 우리는 모름지기 내공에 힘쓸 일이다.

'내공'에 대해서 반사적으로 떠오르는 것이 요새 유행하는 '얼짱'이니 '몸짱'이니 하는 말이다. 이 시대의 세태가 얼마나 천박한가를 단적으로 드러내는 말일지니 듣기가 정말 민망하다. '얼짱'만으로 돌아다닌들 '몸짱'만으로 거들먹거린들 정신세계가 텅 비어 있다면 그것이 뭐 될 일인가.

'내공'이 품고 있는 뜻을 좀 더 깊이 살펴보도록 하자. 여기서 '내공'과 그 뜻의 울림이 매우 흡사한 것이 미술에서 '데생'(dessin)이란 말이다. 데생이란 말도 그 뜻이 단순치가 않아서 이 말의 뜻을 깊이 있게 이해하는 일은 바로 그 사람의 깊이에 비례하는 것이라 해도 과언은 아니다. 나는 미술에서 데생이 왜 그렇게 중요한가 하는 것을 최근까지도 깨닫지 못해 왔다. 그런 상태에서 평생을 살아왔으니 그 무지와 손실이 얼마나 컸을 것인가.

그림 또는 회화에 무게와 깊이를 주는 것이 바로 이 데생이다. 왜냐하면 데생은 존재에 대한 화가의 인식 능력의 깊이를 가늠하게 하는 척도이기 때문이다. 데생은 사물을 보고 관찰하는 눈의 깊이이기 때문이다. 보는 만큼 그리며, 그 이상을 그린다는 것은 처음부터 불가능하다. 데생은 또 눈과 팔뚝의 근육이 얼마나 간극 없이 혼연한 하나가 되어 있는가를 단적으로 노출시키는 시험지이기도 하다.

데생의 역량(力量)이 그림에 무게와 깊이를 주는 것이라면, 색채는 그림에 화려함과 미묘한 심리적인 변화를 준다. 그림의 무게와 깊이를 찾자면 역시 데생이다. 레오나르도 다 빈치나 미켈란젤로의 그림, 앵그르나 베르메르의 그림에 또는 피카소의 그림에 힘과 무게가 있는 것은 무엇 때문일까. 바로 데생의 힘 아닌가. 세잔느의 그림에 무게가 나가는 것은 무슨 까닭인가. 세잔느는 사실적인 관점에서 본 데생의 힘은 약하다 하겠으나, 그 대신 세잔느에게는 철학적인 잣대에서 본 그러한 데생이 있으며, 이 데생의 힘으로 그의 그림은 아무도 넘볼 수 없는 존재성과 깊이를 간직하게 된 것이 아니겠는가.

내가 데생에 대해서 이 이상 아는 체해서는 꼴이 우습게 된다. 하지만 기회 있을 때마다 데생에 대해서 생각해 오지 않은 것은 아니다. 지금까지 내가 느껴온 데생의 본질에 대해서 내 나름의 풀이를 해 본다면 다음과 같은 것이 된다. 즉, 데생은 겉멋에서 참멋으로 가는 과정이다. 인생의 데생에서도 그렇지 않겠는가.

전에 내가 학교에서 학생들을 가르칠 때 '도대체 모두들 건강은 소중히 여기는데, 그 까닭이 무엇인가' 하고 질문을 던진 적이 있다. 학생들의 답은 한결같이 '건강해야 행복하니까', '건강해야 하고 싶은 일을 할 수 있으니까', '건강해야 성공하니까' 이런 식의 답이었다. 그러나 이런 것들은 틀린 말은 아니나 모두 정답은 못 된다. 건강은 건강 그 자체가 좋은 것이기 때문에 소중한 것이다. 건강은 병들어 있거나 앓고 있는 상태와 비교해서 그것만으로 좋은 것이다.

건강해야 무엇을 할 수 있다는 생각은 건강을 아직도 소유의 차원에서 생각하는 것이다. 건강 그 자체가 좋다는 생각은 건강을 소유의 차원이 아닌 존재의 차원에서 생각하는 것이다. 무엇이고 '그것 자체'는 존재의 차원에 속한다. 무엇인가를 하기 위한 것은 아직도 소유의 차원이다. 건강해야 좋은 일을 많이 할 수 있다는 사실은 모두 본질적으로 좋은 건강에서 오는 부수적인 결과일 뿐이다.

내공도 건강의 경우와 다를 바가 없다. 내 생각으로 내공을 쌓은 사람은 다음과 같은 미덕을 몸에 지니게 되는 게 아닌가 싶다. 즉 내공을 많이 쌓은 사람은 말이 바르고 정확하다. 반드시 실천한다. 행동에 무게와 깊이가 있다. 침착하며 함부로 놀라지 않는다. 또 이 밖에도 많은 미덕을 지니게 될 것이다.

실은 수덕(修德)을 하는 사람도 이렇게 되지 않을까 싶다. 내공이나 수덕이나 본질적인 구실은 같은 것이 아니겠는가.

　교양이라는 것도 알고 보면 내공의 일환이다. 바오로 사도의 글이 큰 힘을 갖는 것은 순전히 다마스쿠스에서 일시 눈이 먼 다음 눈을 뜨게 된 믿음의 힘 때문만일까. 거기에는 바오로 사도가 평소에 쌓아둔 엄청난 인생의 내공의 힘도 가세하고 있는 것은 아닐까.

실존적인 믿음

글 제목을 '실존적(實存的)인 믿음'이라 했지만, 이 말이 독자와 나 사이에서 얼마나 명확한 개념 전달의 구실을 할지 확연한 판단이 서지를 않는다. 그럼에도 불구하고 이 표현을 쓴 것은 순전히 '실존적'이란 어휘가 갖는 독특한 의미의 영역과 이 말이 갖는 강한 표현력 때문이다. 이 말은 그 개념과 뜻이 모호한 대로 현대에서 많이 쓰이는 말 중 하나다.

말할 것도 없이 '실존적'이란 말은 원래 철학적인 용어다. '실존주의', '실존 철학' 따위와 같은 용어에서 온 말이다. 그러니 어쨌든 여기서 내가 '실존적인 믿음'이라 할 때, 내가 사용하는 이 말의 개념을 간략하게 정의(定義) 설명하는 것이 순서인 듯싶다.

내가 알기로 '실존주의'란, 본질이 존재보다 앞서는 것이 아니라 존재가 본질보다 앞선다는 생각을 체계화한 철학이다. 무엇이고, 어느 경우이고 존재 곧 있음이 본질보다 앞서기 때문에 존재가 본질을 규정할 수는 있어도 본질이 존재를 규정할 수는 없다. 존재의 상황과 조건에 따라서 본질이 오히려 다양한 규정을 받게 되므로, 실존주의의 주장대로라면 본질이 규정을 받을 수 있는 그 규정의 가능성이 무제한으로 열릴 수 있고, 따라서 사물을 판단할 수 있는 자유도 무제한으로 열려 있다. 자유가 무제한으로 열려 있다는 것은 반길 만한 일이나, 여기에 필연적으로 따르는 것이 무제한으로 다양한 중에서 그때그때 하나씩을 선택해야 하는 난관이 따른다. 그리고 오히려 이것이 인생을 자유 아닌 '지옥적'(地獄的)인 것이 되게 하는 것이다. 실존 철학이란 영웅적이긴 하지만 무서울 정도로 비극적인 요소를 품고 있는 철학이다.

'실존'이란 말의 철학적인 함의(含意)는 대체로 이렇다 치고, 이 말이 상식의 세계에 옮겨진 후의 의미가 또 있는 것도 사실이다. 여기서 나는 그러한 차원에서 이 '실존적'이란 말을 쓰고 있는 것이다.

그러한 뜻은 어떠한 뜻인가 하면, 이론이나 논리에서 추출된 생각이 아니라(머리로써 얻어낸 결론이 아니라) 개인적인 생생한 체험을 통해서(몸으로 직접 겪어서) 얻게 되는 생생한 실감(實感), 이런 것이 '실존적'이란 말의 의미가 아닐까, 나는 이렇게 생각한다.

이번에는 '믿음'이란 말이 갖는 낌새(뉘앙스)에 대해서 간략하게 생각해 볼까 한다. 나는 여기서 '믿음의 알파요 오메가는 믿음이다' 이러한 말을 떠올린다. 얼핏 보아도 의미 없는 동어 반복이다. '믿음'의 의미의 내용을 '믿음'으로 채우고 있으니 분명히 이것은 의미 없는 모순이다. 그럼에도 불구하고 실은 이런 생각이 내가 평생 걸려 겨우 터득한 나 나름대로의 진리다. 다시 말하거니와 믿음은 오로지 믿음이요 실감이지, 결코 이론에서 오는 것이 아니라는 얘기다.

그러고 보면 '믿음'을 '믿음'으로 규정하고 보충하는 식의 논법이 결코 의미 없는 말장난은 아니다. '믿음'이란 말에는 '믿음'의 체험이 채워지기 전에 벌써 무엇인가가 있다는 믿는 마음이 깔려 있는 것이다. 그리고 갈수록 이러한 예감이 헛된 환상이 아니라 현실적 실감으로 모습을 드러내니, 이것은 나의 체험이며 믿음이 결코 나를 배반하지 않는 체험이기도 하다.

믿음이 갖는 이러한 '모순적 진리성'은 여기서 내가 홀로 소리 높여 외치는 것이 결코 아니다. 나의 말이 무어 대단하겠는가. 실지로 성경에 이런 구절이 나온다.

단테의 『신곡』에서 주인공 단테가 천국에 오르는 길을 가는 도중 하늘의 제 8천에서 만난 예수님의 수제자 성 베드로는 단테를 시험하기 위해서 "믿음이란 무엇이뇨?" 하고 묻는다. 단테는

"믿음은 바라는 것의 구체적 내용이요, 보이지 않는 것의 증거"라는 명답에 의해서 그곳 관문을 통과한다. 믿음이 '구체적 내용'이라니, 보이지 않는 것의 '증거'라니……. 믿음이란 보이지 않는 마음의 내용인데, 그런 것이 '구체적 내용'이요 '증거'라니 이것은 말도 안 되는 소리 아닌가. 그런데 이런 모순적 진술이 믿음에 관한 한 진리며, 이 진리의 출처는 바로 히브리서 11장 1절에 나오는 "믿음은 우리가 바라는 것들의 보증이며 보이지 않는 실체들의 확증입니다" 하는 구절이다. 여기서 말하고 있지 않는가, '믿음'이 바로 '보증'이며 '확증'이라고. 믿음은 이를테면 연기(煙氣)가 아니라 벽돌이다.

믿음의 체험은 이러한 '확증'이니 '보증'이니 하는 말이 바로 사실이며 현실이라는 것을 우리에게 깨우쳐 줄 것이며, 이것을 나는 '실존적인 믿음'이라 말해 본 것이다.

그러나 '실존적인 믿음'의 보기를 구체적으로 일일이 들어서 설명한다는 것은 불가능할 것이다. 삼라만상의 무한한 변화를 일일이 설명할 수 없는 것처럼, 또 세상만사의 다양함을 다 전할 수 없는 것처럼 믿음과 관련되는 각 개인의 실존적 체험을 어찌 다 열거할 수 있겠는가.

내가 체험한 '실존적인 믿음'의 구체적인 경우 하나만 말씀드릴까 한다. 나 개인의 예를 드는 것이 송구스럽지만, 나로서 진실을 말하는 것은 이 길밖에 없기 때문이다. 나의 경우 예수님과 점점 더 구체적으로 친해지는 것이 나의 믿음의 기둥이다. 신약성경을 정독하면 할수록 예수님은 살아서, 정말 사셔서 나의 곁을 맴도신다. 예수님의 능력에 감탄하고, 사랑에 감격하고, 권위에 엎드려 절하고, 예수님의 아픔과 슬픔에 더불어 눈물 흘리고 예수님의 확고한 의지에 전율하는 동안에 점점 더 예수님과 구체적으로 친해지고, 그리하여 예수님은 나의 하느님이요, 스승이요, 어버이요, 외람되게도 더러 벗이 되기도 해서, 결국엔 이 모든 것이 하나로 융합된 그런 모습이 되신다. 예수님과 나와의 구체적, 실존적인 우정의 내용이 나의 믿음의 실질적인 요소다.

　믿음이란 참으로 묘하다. 성경을 통해서 예수님을 보고 또 보아야 '보지 않고도 믿는' 믿음의 시야가 열리는 것이다.

나는 왜 천주교 신자인가

나는 왜 천주교 신자인가? 이 물음에 대한 답이 하루이틀에 나온 것은 아니다. 오랜 세월이 지나고서야 비로소 제 모습을 갖춘 답다운 답을 내가 얻을 수 있게 되었다. 또한 내가 천주교 신자인 이유가 불변의 것으로 고정되어야 한다는 법도 없다. 그 이유는 수시로 변하고 수정될 수 있다. 세상에 변하지 않는 것이 무엇이 있는가.

이렇게 말할 수도 있다. 내가 천주교가 어떠한 것인지 모르고 천주교에 들어온 것은 아니나, 실은 교회에 들어온 지 상당한 세월이 지난 지금에 와서야 무엇인가 겨우 조금 알게 되었다. 이것은 모순이다. 일의 순서가, 모르면서 알았다는 얘기가 되고, 또한 알면서도 모른다는 얘기가 된다. 그러나 우리 인생 만사가 대개 이렇게 되어 있지 않은가. T. S. 엘리엇은 말하였다. 어떤 시를 내용을 잘 알지 못하면 제대로 감상(鑑賞)할 수가 없고, 충분한 감상이 없이는 내용을 또 제대로 알 수가 없다고.

요컨대 직관적으로는 벌써 미리 다 알고, 그 앎을 체험이 하나 하나 더 굳혀 준다. 나는 천주교를 믿고 천주교 신자가 됐고, 천주교 신자로서의 나의 생활은 나의 믿음을 하나하나 채워 주었다. 그리하여 나의 믿음은 결국 처음이나 지금이나 변함이 없다.

아주 오래전에 버트런드 러셀의 「나는 왜 그리스도교 신자가 아닌가」하는 글을 읽은 적이 있다. 러셀에 의하면 모든 일엔 원인이 있고, 그 원인엔 또 그 원인이 있고, 이렇게 해서 이런 논리적인 사고(思考)의 과정은 끝없이 올라가게 되어 있는데, 신을 궁극의 원인이라고 한다면, 그 신의 또 원인이 없을 수 없는데, 신만이 그 원인이 없다고 한다면 이것은 논리의 파괴와 다를 것이 없어서 진술로서 성립이 안 된다, 따라서 신의 존재를 논증하기 위한 가정 자체가 처음부터 성립이 안 된다는 것이다. 러셀의 이론 전개는 논리상 결함이 없어서 논리적으로 반박을 할 수가 없게 되어 있다. 그러나 나는 러셀의 이 주장에 동의할 수가 없다. 과학적 합리주의자로서의 러셀의 결함은 오히려 그 논리적 완벽성에 있다. 논리적 사고는 러셀이 의존하는 척도(尺度)다. 초월적인 하느님은 처음부터 그런 자(尺)로써 잴 수 있는 분이 아니시다. 인간의 두뇌가 체계화한 논리의 자로 하느님을 재려 하는 것은 마치 길이를 재는 자를 가지고 오늘 기온이 몇 도인가를 재려드는 것만큼이나 엉뚱한 방향 착오요 오류다. 하느님을 헤아릴 수 있는 논리나 자는 인간의 능력으로서는 마련할 수가 없다. 하느님은 무시무종(無始無終) 초시간적이며 초논리적인 존재여서 오직 믿음의 대상일 뿐, 계량이나 증명의 대상이 될 수 없다.

러셀이 누구인가. 얼마나 무지무지한 지성의 거인인가. 그러나 거인이라고 해서 모든 점에서 완전한 것은 아니다. 거인에게는 거인의 결함이 있을 수 있다. 러셀은 지성에만 의존하는 나머지 오만의 함정에 빠지고 말았다. 그리고 이 오만의 함정은 지성의 거인들이 오히려 더 빠지기가 쉽다.

나는 1966년에 세례를 받고 이어 얼마 후에 견진도 받았다. 모두 까마득한 과거의 일이다. 그동안 신앙생활로 해서 내가 겪은 회의와 열정, 권태와 무기력, 다시 돌아오는 열의 등 그 곡절과 파란을 이루 다 적을 수는 없다. 그리고 아마 이런 과정은 대개의 사람들이 겪는 바이며, 그 주기적 기복(起伏)의 양상은 대개의 경우 비슷비슷한 것이 아닐까 짐작해 본다.

이쯤 해서 현재 내가 느끼고 있는, 내가 천주교 신자로 살아가는 이유를 말씀드려야 할 것 같다. 다시 한 번 말씀드리고 싶은 것은 믿음의 삶이 각 개인이 자기 나름대로의 절실한 실존적 체험을 쌓아서 갖게 되는 그야말로 믿음과 실감의 (이렇게밖에 설명할 수가 없다) 단단한 구축물이며, 결코 이론의 체계는 아니라는 점이다. 그러나 이 체험의 구축물은 가장 짜임새 있는 이론의 체계 또한 삭여서 내장(內藏)하고 있다.

나는 확신한다. 천주교는 사람이 지상에서 찾을 수 있는 가장 진실된 진리의 터전이다. 천주교는 이웃 사랑을 생활하고 실천하도록 하는 가장 전통 깊고 마음이 놓이는 스승이다.

그동안 맺어 온 예수님과 나와의 관계는 갈수록 나에게는 소중한 삶의 빛이어서, 이제는 이 빛을 떠나서는 잠시도 살 수가 없다. 인성(人性)을 취하신 하느님 곧 예수님은 성경을 통해서 가까이하면 할수록 엄위로우시면서도 동시에 말로 표현할 수 없을 만큼 자애로우신 분이다. 이제 예수님과 나와의 관계는 나의 목숨보다도 더 소중하다.

이렇게 극히 단순 소박한 비유로 나는 죽는 날까지 천주교 신자로서 살아갈 것이다.

흔한 일은 아니지만 그래도 어쩌다가 딴 종교가 매력적이라고 그쪽으로 갈까 말까 망설이는 사람을 보게 되는데, 그것은 마치 어떤 집에 놀러 갔더니 그곳 정원이 멋이 있어서, 아예 그 집에서 살고 싶다고 하는 경우만큼이나 사려 깊지 못한 일이라는 생각이 든다. 제 집을 뛰쳐나가 방랑한들 타향에서 안식을 찾을 수 있을 것인가.

이제 다음 시편 18편 2-3절의 구절로써 이 글을 맺을까 한다.

저는 당신을 사랑합니다, 주님, 저의 힘이시여.
주님은 저의 반석, 저의 산성, 저의 구원자
저의 하느님, 이 몸 피신하는 저의 바위
저의 방패, 제 구원의 뿔, 저의 성채이십니다.

2부

아들 사제에게
보내는
아버지의 편지

-아들 신부님께-

사랑과 가난

기헌 바오로 사제여

아마 이 아비가 바오로 사제에게 무엇인가 생각을 정리해서 담는 편지를 쓰는 것은 이번이 처음인가 합니다. 전에도 편지를 아주 안 쓴 것은 아니겠지만 이렇다 할 기억이 없으니, 한 번도 안 쓴 거나 다름이 없지요.

솔직히 말해 지금 나의 책무가 무겁다는 것을 느낍니다. 부모가 자식을 생각하는 마음은, 예나 지금이나, 또 누구나 비슷할 거라 여겨집니다. 그러나 아들을 신부로 둔 아비가 또 세상에 그리 흔하겠습니까. 그러니 바오로 사제와 나와의 관계에서 남과는 다른 특수한 사정이 있기는 있는 거지요. 이 점과 관련시켜서 하고 싶은 말을 하면 되겠지만, 사제도 알다시피 이런 경우 나는 내가 평소에 지켜온 원칙에 따르는 길밖에는 없지요. 즉 무엇이고,

솔직하고 단순하게 있는 그대로 말하고 행하는 그 기준 말입니다.

지금 내가 사제에게 하고 싶고 또 궁금하게 여기는 바는 두 가지뿐입니다. 바오로 사제가 미국에서 몸성히 잘 있는지, 사제가 지금 해야 할 직무에 충실히, 열심히, 최선을 다하고 있는지 하는 점입니다.

이 아비는 믿습니다. 사제의 건강은 하느님께서 늘 지켜 주실 것이고, 지금까지의 행적으로 보아, 자기가 할 일은 스스로 알아서 성실히 하고 있을 것이라고. 마침 사제가 지금 전공하고 있는 주제인 '매스컴'이 본인의 기질에도 맞는 모양이니, 이 점 또한 매우 다행스럽습니다.

여기는 집안 식구 모두 잘 있습니다. 사제에게 전화도 자주 하지 않는 것은, 사제의 연구에 조금이라도 방해가 될까 염려해서지요. 사제의 어머니(나의 아내 요한나)도 같은 생각입니다. 요한나 역시 매사를 침묵으로 삭이기를 택하는 성격이니, 여기 일은 그저 늘 무소식이 희소식이라 여겨 주십시오.

지금 나의 머리에 떠오르는 것은, 불가해하게, 또는 신비스럽게 얽혀 있는 시간의 얼개에 대한 상념(想念)입니다. 시간이 존재하는 현주소는 항상 '현재'뿐입니다만, 그것은 '과거 및 미래와 공존하며 존재하는 시간의 현주소가 현재다' 이렇게 말할 수도 있겠지요. 과거와 현재, 미래와 현재 이러한 2항(項)의 관계도 늘 상호 보완 관계에 있습니다. 과거가 돕지 않는 현재, 미래가 돕지 않는 현재, 그러한 현재란 없습니다.

과거가 현재에 끼치는 영향 중에서 제일 중요한 것은, 어떤 경우이고 과거는 우리로 하여금 초심(初心)으로 돌아가게 한다는 점일 것입니다. 초심은 중요합니다. 우리가 방황하며 유혹에 빠지려 할 때 우리는 초심으로 돌아가야 합니다. 사람은 늙어서 다시 유년기의 심성, 그 맑은 마음으로 돌아가야 합니다.

이런 생각에서 오는 작용도 있고 해서 사제가 서품을 받던 날에 대한 자료를 이것저것(신문기사, 사진 등) 들추어 보았습니다. 그러는 동안에 내 눈엔 눈물이 고였습니다. 특히 사제가 서품을 받고 응암동성당 식구들이 모여 있는 곳에 와서, 이 아비의 머리에 사제의 두 손을 얹고 안수 기도하는 장면의 사진을 보는 순간 눈물이 주루루 흐르더군요. 이 무슨 눈물일까? 자문(自問)도 해 보았습니다. 꼭 집어서 말할 수는 없지만, 어쨌든 그것은 정화된 감동을 느끼게 되는 순간이었습니다.

사제의 서품식은 1999년 7월 7일 잠실 올림픽 체조경기장에서 있었지요. 젊은 사제들이 땅에 오체투지하며 하느님께 영원한 서약을 바치는 그 장면을 나는 언제까지나 잊을 수가 없습니다. 그 무렵 나는 사제의 서품을 기념하여 시조 한 수를 지었고, 사제의 어머니는 그것을 붓으로 정서하여 기념 부채를 많이 만들어 하객들에게 답례로 나누어 드렸었지요. 「길」이라는 제목의 시조입니다.

그리고 그때 내가 그대에게 전하는 글이 신문에 실렸었는데, 그것을 오늘 다시 읽어봅니다. 그 글은 여전히 지금의 나의 심정과 다를 바 없습니다.

새 사제. 그대가 사람으로 태어나 가장 의롭고 뜻있고 거룩한 길을 스스로 선택하여 이제 사제가 되었으니, 그대를 고맙고 대견하게 생각하는 마음 글로 다 하기 어렵습니다. 그대가 사제가 되어 사제의 아버지로서 보잘 것 없는 나까지 높임을 받았으니, 과연 하느님 하시는 일은 너무도 오묘하여 헤아릴 길이 없습니다.

그러나 그대가 사제가 된 것은, 그대가 하느님을 택한 것이 아니라 하느님께서 그대를 택하셨기 때문이니, 모든 영광은 오로지 하느님께로 돌아가야 할 일이며, 우리는 그저 겸손되이 찬미와 감사를 바치는 것이 마땅합니다.

새 사제가 된 그대, 그대는 나에게 큰 기쁨과 감격을 주었으니, 그대 같은 효자를 둔 나는 참으로 행복합니다. 바르고 착한 길을 가는 것이 큰 효일진대, 하느님 섬기는 일보다 더 큰 길이 또 있겠습니까.

십자가를 지신 대사제 그리스도를 따라서 가는 길에 많은 고난이 없을 리 없으니 이 점이 안쓰럽습니다. 그러나 이러한 어려움 역시 하느님께 바치는 희생 제물로 삼는 수밖엔 없을 것이라고 여겨집니다.

이미 무거운 짐을 진 그대에게 더 바랄 것이 무엇이 있겠는가마는, 하루하루 성화의 길을 가는 동안에 어느 틈엔가 그대가 성인신부의 경지에까지 다다르게 되면 얼마나 다행한 일일까 하는 것이 나의 솔직한 심정이기도 합니다.

사랑과 가난이 우리 인생의 최고의 지표임을 나는 다시 한 번 아로새깁니다. 사랑은 세상의 모든 원리를 포용합니다. 사랑이야말로 모든 원리의 알파요, 오메가입니다. 가난이 행복의 근본이라는 점 또한 지극한 신비입니다. 나는 이 말 한마디 알게 된 것만으로도 이 세상에 태어난 보람이 있다고 여겨집니다. 사제여. 이런 점 다시 한 번 묵상해 봅시다. 그리고 늘 건강에 유의하고, 맡은 일에 열중해 주기를 바랍니다.

2007. 12. 8
아비 사도 요한 씀

빈곤, 인간의 실존적 조건

기헌 바오로 사제여

몸 성히 잘 있겠지요. 식품 영양에 대해서 밝은 사제이니만큼 별 일이야 없을 줄 믿습니다만, 그렇더라도 아무쪼록 몸 축내지 않도록 마음 써주십시오.

이번에는 사제에게 무슨 얘기를 쓰나 막막하게 느껴지기도 하지만, 또 한편으로 생각하면 하고 싶은 얘기가 너무 많아서 무슨 얘기부터 골라서 하나 망설여지기도 합니다. 서로서로 삶의 내용을 깊이 있게 나누는 일, 이것이 우리가 사랑을 나누는 첫걸음 아니겠습니까. 그러니 별로 가치 있는 얘기가 아닐지라도 가까운 이웃끼리는 이런 저런 일상사를 서로 주고받는 가운데 정을 나누는 것이겠지요.

다만 이제 나의 나이 80에 가까우므로 머리의 기능이 무뎌져 더러 조리에 맞지 않는 말을 하더라도 부족한 부분은 사제가 보충하여 그 뜻을 완성해 주십시오. 이것도 아들에 대한 사랑, 어버이에 대한 배려, 이런 것이 되겠는데 원래 사람과 사람의 대화란 그런 것이지요. 서로가 성의로 얘기하고 들음으로써 얘기와 얘기 사이에 하나의 공통의 이해가 성립되는 것입니다. 이것이 인간관계의 기본 틀이겠지요.

조금 전에 TV에서 디트리히 피셔 디스카우(Dietrich Fischer-Dieskau)가 노래하는 슈베르트의 '음악에'(An die Music)를 들으면서 잠시 깊은 상념(想念)에 빠졌었습니다. 특히 2연의 끝 '나는 그대(음악)에게 감사한다'(Ich Danke dich) 대목에 이르러서는 눈에 눈물이 흘렀습니다. 고백하건대 나는 이 노래를 눈물 없이 들은 경우란 없습니다. 슈베르트의 그 맑고 아름다운 영혼이 나의 영혼에 스며 와서 그것이 고맙고 감동적이어 눈물이 나는 것이지요. 그리고 슈베르트의 그 짧고 불행했던 생애에 생각이 미치니 인생의 깊은 수수께끼에 잠시 어리둥절해집니다. 슬픈 것이 왜 아름다운가? 나의 평생의 화두나 다름이 없는 이 수수께끼 같은 문제도 다시 곱씹어 보고요. 이때도 '마음이 가난한 사람은 행복하다'는 말씀의 구절이 연상됩니다. 그리고 아무래도 인류가 짊어지고 사는 '원죄'의 짐도 또 관련이 있다 싶고요.

지난해 8월께부터 나의 왼쪽 다리 무릎 관절이 나빠져서 어려움을 겪고 있다는 것은 사제도 알고 있겠지요. 퇴행성관절염이라 완치는 어렵고 다만 살살 증상을 달래며 지내는 수밖에 없다는 의사 말도 있습니다만, 그래서 그런지 아픔의 증상이 일진일퇴여서 깨끗이 가시지를 않습니다. 이런 몸을 하고 지난해 12월 13~22일, 9박 10일의 일정으로 사제의 어머니 요한나와 함께 네팔과 인도 관광 여행에 참가했고, 또 무사히 다녀왔으니 여간 다행한 일이 아닙니다. 무릎이 성한 사람과 아픈 사람과의 차이는 씩씩하게 빨리 걷느냐 아니면 지팡이를 짚고 절뚝거리며 돌아다니느냐의 차이인데, 뭐 이런 정도의 어려움을 못 견디겠습니까. 그러니 무릎이 아프다는 것이 우리의 삶에 그야말로 본질적인 좌절을 줄 수는 없는 일입니다.

네팔 인도 여행 얘기만 해도 일일이 전하자면 한도 끝도 없을 것인데, 그 중에서 제일 인상 깊었던 것은 쌍발 프로펠러 관광용 비행기를 타고 근접비행을 하며 샅샅이 누볐던 히말라야 산맥의 그 신령(神靈)한 위용이었습니다. 흰 눈 덮인 그 장엄함은 필설로 다 할 수가 없습니다. 히말라야 산맥(물론 그 안에는 세계 최고봉인 '에베레스트, 8,848미터'도 들어 있습니다)의 모습은 앞으로 두고두고 나의 마음 안에서 그 영험(靈驗)한 작용을 할 것입니다. 오래 전부터 구상 중에 있는 '살아 있는 지구의 최고영봉'에 대한 장시(長詩)가 머지않아 빛을 보게 될 것입니다.

또 하나는 인도 여기저기에서 본 실존적 삶의 모습입니다. 시골 마을 어디를 가나 거지 불구자들이 떼를 지어 다니며 한 푼 달라고 매달리는데, 마음이 몹시 아팠습니다. '같은 사람인데 저 사람들은 왜 저렇게까지 비참한 지경에 이르렀나? 저들도 나와 같은 사람(인류)이니, 저들의 본질적 빈곤과 고통이 곧 나의 물질적 빈곤과 고통일 수도 있지 않은가' 이런 소박한 생각이 들었습니다. '빈곤을 퇴치하는 것은 우선 정치가들의 책무인데, 정치가들도 어디서 어떻게 손을 대야 저들을 구제할 수 있겠나' 이런 생각도 들었습니다. 실은 우리나라도 그리 멀지 않은 과거에는 저런 모습과 별반 차이가 없었지요. 저렇게 어려운 조건 속에서도 견디는 생명의 모짐과 질김, 어쨌든 인도 빈민층의 삶의 모습에서 반사적으로 인간의 벌거벗은 실존적 조건을 보는 것 같았으며, 이것도 인간에 대한 이해를 깊이 있게 하는 데에 도움이 되지 말라는 법도 없겠다 싶어, 이런 점도 참으로 심각한 아이러니였습니다. 그런가 하면 길 한 편에 수행승들이 위엄 있게 앉아서 깊은 명상에 들고 있는 듯하였습니다. 그리고 사람들의 의연하고 위엄 있는 대인풍의 거동. 어디에나 산재해 있는 고대의 힌두교적 문화유산. 참으로 인도는 문화적으로나 삶에서나 깊이를 느끼게 하는 나라라는 느낌이 들었습니다.

지금 이 글을 쓰는 오늘이 1월 8일, 그리고 보니 바로 바오로 사제의 생일이군요. 가족들과 함께 조촐한 생일 파티도 갖지 못하고 멀리 떨어져 있는 사제의 처지가 역시 세속의 삶과는 다르다는 것을 실감합니다. 어쨌거나 멀리에서 바오로 사제의 생일에 요한나와 함께 마음의 축복을 보내니 받아주십시오. 건강에 대한 변함없는 마음 쓰기 부탁하며, 또 주님께도 그렇게 기도드리겠습니다.

2008. 1. 8
아비 사도 요한 씀

예수님은 시인

기헌 바오로 사제여

건강하리라 믿습니다. 학업에도 물론 열중하고 있을 거고요.

나의 신앙시집 『황홀한 초록빛』, 사제도 기억하고 있겠지요. 엄밀히 말하면 그냥 '신앙시집'이라 하기보다는 '가톨릭 신앙시집'이라고 해야 맞을 것인데, 어쨌든 1989년에 발행된 그 시집이 2007년 말에 출판사를 달리해서 재발행(再發行)되었으니, 이것은 이 책이 묻혔다가 다시 살아나는 셈입니다. 나로서는 감회가 깊을 수밖엔 없습니다. 말할 것도 없이 이 일도 무한하신 하느님 사랑의 나타남이며, 또 하느님의 안배의 결과라는 점도 의심의 여지가 없습니다.

이 시집 중에서 저자인 날더러 한 편을 뽑아보라고 하면 나는 다소의 주저 끝에 「예수님은 시인」을 뽑겠습니다. 그 다음으로는

「갈릴래아의 호수」가 되겠지요. 「예수님은 시인」은 내가 쓴 시 중에서는 잘된 편이고, 또 시의 주제가 마음에 들어 결국 나는 이 시를 뽑게 됩니다. 언제나 시를 그냥 음미하는 것이 시를 이해하는 첩경이므로, 짧은 편은 아니나 이 시 전편을 다음에 적겠으니, 천천히 음미해가면서 정독해 주기 바랍니다.

예수님.
당신은 진실로 시인 중 시인이십니다.
시인의 위대한 할아버지로
세인은 흔히 호머를 꼽습니다만
당신은 바로 호머의 아버지이십니다.
시의 핵심이 은유에 있다면
당신의 신묘한 은유를 능가할
은유가 세상에 없습니다.
시의 핵심이 정열에 있다면
당신의 그 거룩한 불을 따를
불이 세상에 없습니다.
시의 핵심이 아름다움에 있다면
들에 핀 백합과도 같은 당신의 시구의
소박하고 꾸밈없는 아름다움과 견줄 만한
아름다움이 세상에 없습니다.

시가 생명력의 맺힘이라면
감동의 덩어리라면
진실과 진리의 그릇이라면
당신 말씀의 생명력과
감동과 진실과 진리 앞에선
모두가 그것을 한번 닮아보려고
애쓸 뿐입니다.
시가 상징의 숲이라면
당신의 상징의 숲에 묻히지 않을
상징의 숲이 없습니다.
예수님.
당신은 늘 고독하셨고 늘 슬프셨습니다.
갖가지의 감회가 늘 바람처럼
파도처럼 설레었습니다.

예수님.
당신이 모든 시인의 으뜸이시라는 생각이
왜 이렇게 기쁜지 모르겠습니다.
당신이 짊어지신 십자가가 너무도 무겁고 커서
흔히 그 일만을 생각하기 쉽습니다만
예수님
당신은 진실로 시인 중 시인이십니다.

예수님이 '시인 중 시인'이란 사실 앞에서 나는 파도처럼 밀려오는 큰 감격을 느끼며 숙연해집니다. 예수님을 가리켜 '왕중왕'이라고도 합니다만, 이 말 못지않게 예수님이야말로 모든 시인 중에서 가장 빼어난 시인이십니다. 예수님이 '시인 중 시인'이시라는 사실을 강조하는 부사로서 '진실로'라는 말을 썼습니다만, 이 '진실로'라는 말과 함께 내가 마음속으로 생각하는 또 하나의 표현은 '문자 그대로'라는 말입니다. 여기서 내가 예수님이 시인이라고 말하는 그 뜻은, 예수님은 이를테면 시인적인 소질이 풍부하셨다는 정도의 뜻이 결코 아닙니다.

공생활을 시작하시기 전에 예수님의 직업이 목수였듯이 예수님은 '문자 그대로' 인류 역사상 가장 뛰어난 '시인 중 시인'이십니다. 그 까닭을 시 안에서도 조목조목 밝혀놓았습니다만, 『신약성경』 도처에 나오는 예수님의 언행을 보면 더욱 이러한 점을 실감할 수 있습니다. 예수님은 시를 말씀하셨을 뿐만 아니라 시를 사셨습니다. 바람처럼 다니시며 설법하심, 사랑을 말씀과 몸으로 나타내심, 절대고독에 빠지심, 때로 비분강개하심, 침묵에 빠지심, 세상에 이런 시인상(詩人像)이 예수님 말고 누가 또 있겠습니까.

어떤 의미에서 시인은 은유의 사냥꾼입니다. 나도 시를 쓰는 사람으로서, 평생을 은유 사냥에 바쳐왔다고 해도 과언은 아닙니다. 시인에게는 빼어난 은유가 가장 귀한 보배입니다. 평생에 모은 은유 중에서 가장 빼어난 것을 골라봅니다. '솔로몬 왕의 영화도 한 떨기 들꽃만 같지 못하다.' 아니, 세상에 이런 은유가 있을 수 있습니까. 이렇게 뜻이 깊고 아름다운 은유가 또 있습니까. 이것은 은유의 '에베레스트'입니다. 분명 사람의 솜씨가 아닙니다. 하느님의 차원의 솜씨입니다. '하늘 나라는 겨자씨와 같다' 이런 은유는 또 어떻습니까…….

예수님이야말로 문자 그대로 시인 중 시인이시라는 사실이 왜 이렇게 기쁘게 느껴지는지에 대해서 잠시 묵상해 봅시다. 여기에는 예수님은 시인이신데 나(사도 요한)도 시인이다, 하는 얄팍한 심리에서 오는 기쁨 말고도 더 깊은 뜻이 있습니다.

신학교리 상으로 보더라도 삼위일체의 제 2위이신 예수님이 곧 "말씀"이시라고 저는 알고 있습니다. 하느님은 "말씀"으로 천지 만물을 창조하셨습니다. '빛이 있어라' 하니 빛이 태어났습니다. "말씀"의 권능은 이렇습니다. 그런데 예수님은 곧 "말씀"의 육화이십니다. 한편 문학의 여러 장르 중에서 뭐니 뭐니 해도 시가 가장 순수하고 정련된 표현의 장르입니다. "말씀"이신 예수님이, 시에서 권능을 발휘하신다는 것은 마치 물고기가 물에서 자유스럽듯 극히 당연한 일일 수밖에 없지 않을까요. 이러한 일종의 깨달음(발견)이 밑에 깔려 있어서 예수님이 시인이라는 사실이 그렇게 기쁘게 느껴지는 것이겠지요. 알고 보면 너무나 당연한 일을 가지고 감격하고 있는 셈입니다. 사람이 하는 일이 늘 이렇습니다.

기헌 바오로 사제여, 모든 사제는 바로 예수님처럼 '말씀'의

사도이기도 합니다. 바오로 사제도 늘 '말씀' 앞에서 겸허하고,
그리하여 말씀의 신비 속에 깊이깊이 침잠할 것을 염원합니다.
늘 기도하십시오.

2008. 1. 30
아비 사도 요한 씀

고통에 대하여

기헌 바오로 사제여

이 글이 책에 실려 사제에게 도착할 때쯤이면 사순절 봉재의 시기가 끝나고 영광의 예수님 부활의 시기가 이미 시작된 시기일 것이므로, 고통에 대해서가 아니라 부활의 영광에 대해서 무엇인가 적는 것이 계절적 감각에 맞을 것이라는 생각이 들지 않는 것은 아니지만, 내가 그렇게 깔끔하게 이런 일 저런 일을 때에 맞춰 처리해 나갈 수 있는 위인(爲人)이 아니라는 것은 사제도 잘 알고 있겠지요. 예수님이 겪으신 고통은 예수님의 영광스러운 부활 사건과 표리를 이루는 일이며, 예수님의 사랑이 늘 언제나 우리와 함께 있듯이, 예수님이 겪으신 고통도 부활의 영광도 항상 우리와 함께 있지요. 그러니 너무 세월의 구분에 구애받을 일이 아니라 여겨집니다. 여기서 내가 평소에 생각해온 고통에 대한 생각을 정리하려 합니다.

고통이 무엇인가? 고통은 우리 삶에 어떠한 뜻을 지니는가? 우선에 생각나는 것은 고통이야말로 신비 중의 신비라는 것입니다. 여기서 나는 고통이야말로 좋은 것이다. 고통이야말로 가장 큰 은총에 속한다. 이렇게 말하려 하는 것인데, 이런 명제가 일반적으로 쉽게 납득이 되겠어요? 설명이 어렵지요.

큰 성인 십자가의 요한은 주님께 은총으로 고통을 주십사 하고 기도했다는데, 그렇기나 하니까 십자가의 요한 성인이지요. 우리가 툭하면 잘되게 해 주십사 하고 비는 것과는 정반대입니다.

고통의 범위는 넓습니다. 마음의 괴로움도 고통이요 육신의 아픔도 고통입니다. 불안, 절망, 의심, 시기, 질투, 불만, 분개, 공포, 무기력증 등 모두가 다 넓은 의미에서 고통입니다. 아픔, 가려움, 쑤심, 쓰라림, 피곤함, 답답함, 이런 것들은 모두가 신체적 고통입니다. 이러한 고통들이 어찌하여 은총이 될 수 있을까. 우리의 세속적인 척도 가지고는 이 문제는 절대 풀리지 않습니다. 그러기에 고통의 신비라 할 수 있는 것이겠지요.

'가난한 사람은 행복하다' 이런 정도 가지고도 벌써 알쏭달쏭한데, 고통이 은총이라니 보통의 논리적인 설명은 불가능합니다. 그러나 이 명제를 납득할 수 있는 길은 있습니다. 즉 체험을 통해서 그렇게 느끼고 깨닫는 길이지요.

그땐 참 힘들었었는데, 지나고 보니까 그때가 좋았다, 이런 체험은 만약에 삶의 자세가 바르기만 하다면, 누구나가 할 수 있는 체험 아닐까요. 일이 잘 풀려 승승장구할 때, 지나고 보면 그런 때가 정말로 아슬아슬한 때였습니다. 십중팔구 벌써 마귀의 꾐에 넘어가 있습니다. 그러니 신앙적 체험을 통해서 고통이 은총이라는 것을 우리가 깨닫는 길이 열려 있습니다.

고통이 하느님 사람의 나타남이란 이 명제는 이를테면 수학에서의 공리(公理) 같은 것일 것입니다. 증명은 불가능한 것이지만 누구나가 다 알 수 있습니다. 이런 점에서도 고통은 역시 신비의 차원입니다.

고통을 일부러 찾는 사람은 없겠지만(그것은 부자연스러워서 좋을 리가 없습니다), 차례온 고통을 잘 참아 받는다면, 이것이야말로 좋은 결실이 맺어질 것이 틀림없습니다. 고통을 잘 삭인 사람은, 생각이 깊어지고, 매사에 감사하게 되고, 남의 처지를 깊이 이해하게 되고, 따라서 관대해지고, 온유해지고, 오만에서 벗어나게 되고, 말수가 적어지고, 어려움을 잘 견딜 수 있는 강인함을 얻게 되고, 기도를 더 많이 하게 되는 이런 결실이 맺어지는 것이 아닐까요. 그리고 이런 수련이야말로 돈 주고 살 수 없는, 오로지 각자의 체험으로써만 얻을 수 있는 것입니다. 역시 하느님이 하시는 일은 인간이 다 헤아릴 수가 없습니다.

또 하나 우리가 차례오는 고통을 마다해서는 안 될 이유가 있습니다. 우리 그리스도인들은 조금이라도 예수님을 더 닮아보려고 힘쓰고, 또 그렇게 되는 것이 둘도 없는 영광인데, 예수님이 엄청난 고통을 다 겪으셨으니, 이유 없이 예수님 따라서 고통을 겪는 것을 영광으로 알게 되어야 한다는 말입니다.

우리가 아무리 애를 써봐야, 우리가 겪는 고통이 아무리 지독하고 큰 것이라고 해도 예수님이 겪으신 고통의 몇 백 분의 일도 못 됩니다. 겟세마니 동산에서 수난을 미리 아시고, '아버지, 되도록 제가 이 잔을 피할 수 있게 해 주십시오. 그러나 제 뜻대로 하지 마시고 아버지의 뜻대로 해 주십시오' 하고 기도드리며 피땀 흘리시는 예수님의 고뇌는 단적으로 말해서 인류가 겪어온 모든 고통의 총합입니다. 세상에 이렇게 처절하고 암담한 장면은 없습니다. 실존적 절망의 극치를 그렸다고 하는 카프카의 어떠한 장면도, 도스토예프스키의 어떠한 장면도 예수님의 심각한 고뇌와는 비교가 안 됩니다. 예수님의 육체적 고통에 이르러서는 생각만 해도 끔찍합니다. 마취도 않고 손바닥과 발등에 큰 못 쾅쾅 박는 고통을 현대인이 상상이나 하겠습니까. 십자가 위에서 몇 시간을 견뎌야 하는 고통이 어떠하셨겠습니까. 신체적 고통을 겪는 데 있어서도 예수님의 모범은 완벽 그 자체입니다.

하느님이 주시는 고통을 달게 받으려면 하느님께 그야말로 절대귀의 해야 가능할 것입니다. '너에게 아픔을 주겠다' 하시면 '네, 하느님, 감사합니다' 답은 이것밖에 없고 '너에게 죽음을 주겠다' 하신다 해도 답은 역시 '네, 하느님, 감사합니다' 이것밖엔 없습니다. 왜냐하면 절대선이신 하느님이 주시는 것이라면 죽음조차도 좋은 것임에 틀림이 없기 때문입니다.

　말은 쉽지만 이런 경지가 그리 쉽겠습니까. 그저 한 걸음 한 걸음 나아가야 하겠지요.

　사제여, 여기 어미 아비는 잠시도 사제의 안녕에 마음을 쓰지 않을 때가 없다는 점을 기억해 주십시오.

2008. 3. 5

아비 사도 요한 씀

부활과 신생

기헌 바오로 사제여

이제 계절은 만물이 신록에 빛나는 성모성월 5월입니다. 동시에 성령 강림 대축일이 5월 11일이므로 아직은 예수님 부활의 계절이 계속되고 있다고 볼 수 있겠지요. 그래서 여기서는 성모님께 짤막한 인사 말씀을 드리고 예수님 부활에 대해서 나의 생각을 말할까 합니다.

하느님의 어머니시며 동시에 하느님의 따님이신 성모님, 원죄 없이 이 세상에 오신 성모님, 성령으로 인한 무염시태로 구세주 예수님을 낳으신 성모님, 몽소승천하신 성모님, 성모님이야말로 만인의 찬미와 공경을 받아 마땅하신 분, 저희들의 크옵신 어머니가 아니겠습니까. 그래서 성모님께, 믿음이 약한 저희들을 위하여 하느님께 빌어 주십사고 다시 한 번 간청을 드려야 하겠지요.

『동서의 피안』이란 명저를 남긴 대만의 오경웅(吳經熊)이, 천주교에는 공경의 대상으로서 여성성의 상징인 성모님이 계셔서 그 점도 크게 기쁜 일이라고 한 일이 생각납니다. 이 말은 여성성을 대표할 만한 존재가 결여되어 있는 종교 내지는 교파도 있다는 것을 뜻하기도 하지요. 여기서 또 한 가지 생각나는 것은 독일의 대시인 괴테가 그의 대표작 『파우스트』의 맨 끝에서 궁극적 구원의 손길은 '여성성'에 있다고 한 말입니다. 어머니의 손길보다 더 자애로운 것은 이 세상에 없을 것이니, 우리 교회에 성모님이 계시다는 것이 우리 모두의 얼마나 크고 자랑스러운 기쁨이겠습니까.

여기 이 글의 제목을 '부활과 신생'이라 한 나의 뜻을 간략하게 부연할까 합니다. '신생'(新生)이란 말은 환상문학의 대시인 단테의 저서 『신생(Vita Nuova)』에서 이름을 빌려온 것일 뿐이며, 이 책의 내용과 어떤 관계가 있는 것은 아닙니다. 단테의 불후의 명저 『신곡(神曲)』이 그의 필생의 대작이라 한다면 『신생』은 그의 처녀작이라 합니다. 내용은 단테의 연애관(戀愛觀)이나 더 넓은 의미의 사랑관(觀)을 시와 산문으로 섞어서 쓴 것으로서, 여성의 사랑이 종교적인 신비적 사랑에까지 승화될 수 있다는 사상을 담은 글입니다. 어쨌거나 나는 '신생'이란 말을 문자 그대로 '새 생활', '새로운 삶'을 뜻하는 범위 안에서 사용하고자 합니다.

'신생'은 예수님의 '부활'과 관련이 있는 말이긴 하지만,

‘부활’이 ‘신생’을 포용할 수는 있어도 ‘신생’이 ‘부활’을 포용할 수는 절대 없습니다. 다시 말해서 단연 ‘부활’이 ‘신생’의 상위 개념입니다.

말할 것도 없이 예수님의 ‘부활’ 사건은 천주교 교리의 생명이며, 알파요 오메가요, 핵심 중의 핵심입니다. 예수님의 부활이 없었더라면 천주교의 교리 자체가 성립될 수 없습니다. 예수님 자신도 딴 기적(예를 들어 병자를 치유시켜 주신 기적)은 되풀이 되풀이 행하셨지만, 부활 사건의 기적만은 일회성(一回性)에서 끝내버리셨습니다. 이런 점에서도 부활 사건의 중대성을 짐작할 수 있습니다.

여기서 예수님의 기적을 받아들이는 사람들의 마음가짐에서 다소 실망스러운 점이 있다는 것을 지적하고 싶습니다. 왜들 예수님의 기적을 순전한 기적으로서 받아들이지 않고 ‘…… 이를테면 그런 것이다’ 하는 식으로 합리적인 설명을 곁들입니까. 그 대표적인 예가 저 유명한 빵과 물고기의 기적인데 예수님을 뵙고는 이기적인 마음이 사라져 모두들 준비해온 음식을 꺼내놓으니 그 결과가 그렇게 됐다는 설명입니다. 이 이야기는 예수님의 기적에 대한 합리적인 설명치곤 걸작 중의 걸작에 속할 것입니다. 그러나 아무리 설명으로서는 그럴듯하더라도 그렇게 해서 수천 명의 군중들이 배불리 먹고도 남은 것이라면, 그것은 감동적인 사건이긴 해도 기적은 아닙니다.

예수님 부활의 경우에도 그런 식의 합리적인 설명을 해낼 수 있습니까? 그런데 예수님의 부활에 대해서조차도 그런 설명을, 즉 예수님의 유령이 떠돌아다니는 것으로 해석하시는 분이 계셨습니다. 지금은 유명을 달리하신 존경해 마지않는 분의 말씀이어서 듣는 순간 대단히 실망을 했던 기억이 납니다. 예수님의 부활에 대해서 애매모호하고 알쏭달쏭하게 말꼬리를 흐리는 사람에게, '그래 당신은 예수님의 부활을 문자 그대로 믿습니까?' 하고 재차 물으면 '그게 그러니까……' 하는 식의 답이 나오기도 합니다. 이런 식으로는 예수님의 부활을 온전히 믿는 것이라 할 수는 없겠지요.

예수 부활 사건은 천주 교리에서 에베레스트와 같은 뜻을 지닙니다. 에베레스트는 자주 오를 수 있는 산이 아닙니다. 먼 데서 바라보기만 하는 것으로도 그 구실이 크고도 큽니다.

예수님 부활의 물리적(物理的) 현상을 간명하게 정리해 보면 다음의 두 가지로 요약될 수가 있을 것입니다. 첫째, 예수님은 부활하신 후 제자들에게 나타나시어 제자들이 보는 앞에서 생선도 잡수시고 토마스에게 옆구리도 만져보게 하셨습니다. 예수님은 부활 전과 같은 육신을 지니셨고 그런 몸으로 돌아다니셨습니다. 만약에 예수님이 체중계에 올라서셨더라면 체중계의 바늘은 돌아갔을 것입니다. 그러나 둘째로 예수님은 잠겨있는 문을 통하여 소리 없이 들어오셨습니다. 즉 예수님은 인간이 해낼 수 없는 초능력을 발휘하셨습니다. 사람이 어떻게 그럴 수가 있어? 이렇게 반문하겠지요. 사람은 불가능합니다. 그러나 하느님은 사람이 할 수 없는 일을 아무렇지도 않게 하십니다. 그러니까 하느님 아니겠습니까.

또 한 가지, 사람들은 부활의 뜻을 강조하고 싶은 나머지 매사에 너무 부활이란 말을 남용하는 것은 아닐까요. 남 얘기 할 것 없이 바로 내가 지금까지 그래왔습니다. 아침에 잠에서 깨어나도, '부활 체험이다!' 병이 낫고 원기가 회복돼도 '부활 체험이다!' 이런 식이었습니다. 이것이 개념상 아주 틀리는 말은 아닙니다만 너무 가볍게 '부활'을 남발하는 것이 아닐까 하는 생각이 듭니다. 이런 경우엔 그저 '신생(新生) 체험' 정도의 표현이 타당할 것 같기도 합니다. 마치 실을 끊을 때 가위를 쓰지 않고 큰 도끼를 휘두르는 경우처럼, 뭣인가 정도와 수량(數量)상의 판단에 과장이 있는 것으로 느껴지기도 합니다.

정말로 부활 체험다운 부활 체험은 평생에 한두 번만 있어도 큰 은총일 것입니다. 그러기 위해서 우리는 작은 '신생 체험'을 쌓아가야 하는 것이 아닐까요?

바오로 사제여. 이 아비의 솔직한 고백을 아량으로 받아들여 주시오. 그리고 늘 몸 성히 지내도록 해 주시오.

2008. 4. 9

아비 사도 요한 씀

작품성원리(作品性原理)

기헌 바오로 사제여

   이번에는 괜찮은 생각이 떠올랐습니다. 작은 발견이라 해도 될 듯 싶은데 그것을 적을 터이니 잘 읽고 감상(感想)을 들려주었으면 좋겠습니다.

   '작품성원리'라는 것인데 정의(定義)해 보자면 이렇습니다. '이 세상에서 사람이 하는 모든 일은 작품성(作品性)을 지닌다.' 이것입니다. 어설프지만 이것을 한문으로 고쳐보면 '萬事皆有作品性(만사개유작품성)'쯤 되지 않을까 싶고, 영어로 옮겨보면 'Everything we do is in itself a work of art'쯤이면 어떨까 싶습니다.

   '이게 무슨 발견인가! 원리는 또 무슨 원리!' 하는 반문이 들려오는 듯합니다. 허나 세상의 모든 발견은 누군가 그것을 발견하고 발설한 후에는 별 일 아닌 것 같이 느껴져도, 그 이전에 그 일은 세상에 없었습니다. 적어도 그 일이 우리의 의식(意識) 속엔 없었습니다. 그리고 이 '작품성원리'도 내가 어쩌다가 문득 생각해낸 것이 아니라 거의 평생을 두고 생각해온 것을 종합해서 정리한 것입니다.

전에 나는 「인생의 예술」이란 주제로 글을 쓴 적이 있습니다. 아마 사제도 본 적이 있을 겁니다. 인생을 업적과 성과면(成果面)에서만 보지 말고 삶 전체를 하나의 예술작품으로 보자는 취지의 글이었습니다. 인생을 살아가는 당사자도 자기의 인생이라는 아름다운 예술작품을 가꾸어나간다는 생각으로 인생을 살아나가는 것이 어떻겠느냐, 하는 생각입니다. 이 예술작품은 그 사람이 숨을 거두는 그 순간 완성됩니다. 그리고 이 작품의 온전한 감상자(鑑賞者)는 오직 하느님 한 분이 계실 뿐입니다. 대개 이런 취지의 글이었지요.

이런 생각은 말하자면, 인생을 윤리성과 예술성의 두 면(面)을 조화시키려는 의도가 있는 것이지요. 사람은 바르고 착하게 살아야한다, 이것은 인생의 윤리성(倫理)性)의 일면입니다. 인생은 기왕이면 아름답게 가꾸어나가는 것이 바람직하다, 하면 이것은 인생의 심미적인 국면이며 예술적인 차원입니다. 그런데 윤리성의 추진력은 의무며, 예술성의 동기는 즐거움이나 쾌락성과 통합니다. 기왕이면 재미나게, 즐겁게 착한 일을 해 보자! 이것입니다. 의무와 즐거움이 손을 잡을 때 힘을 덜 들이고 큰 성과와 아름다운 완성도를 바랄 수 있습니다. 그런데 왜 이런 갖가지의 궁리를 해야 하는 것일까요?

그것은 인류 조상의 원죄 이후 인생이 어렵고 피땀 흘려야 하는 고해(苦海)로 변했기 때문입니다. 무엇이고 좋은 일, 착한 일, 아름다운 일은 그만큼 더 힘이 들므로 이런저런 궁리를 하는 것이지요.

전에 내가 대학입시 준비를 할 때, 그러니까 8·15 해방 후 당시 6년제 중학교에 다닐 때, 공부를 더 열심히 해야 되겠다고 마음먹어도 별로 성과가 없었지요. 그러다가 어느 날 문득, 나는 더 열심히 공부를 해야 되겠다고 생각은 하면서도 열심히 하지 못하고 있다! 이렇게 생각하니까 열중도와 성과가 올랐습니다. 이것은 왜 그럴까요? 단순히 열심히 해야 되겠다고 생각하는 경우보다, 공부를 열심히 해야 되겠다고 마음먹으면서도 집중이 안 되는 자기를 발견하는 경우는 더 높고 넓은 시야에서 객관적으로 자기를 바라보는 감시자와 비판자를 설정하는 셈이고, 그렇게 함으로써 자기에게 더 엄격한 채찍을 가하는 것과 같은 효과를 얻는 경우라 하겠지요.

'작품성원리'는 우리 인류의 숙명(宿命)이라는 점도 명심할 필요가 있다고 생각합니다. 우리는 날 때부터 숙명적으로 우리의 그림자와 얼굴을 지니게 됩니다. 그림자 없는 사람, 얼굴 없는 사람, 그런 사람은 (유령이라면 모를까) 없습니다. 마찬가지로 우리는 이 세상에서 무슨 짓을 하더라도 일의 성과와 관계없이 거기에 '작품성'이 따릅니다. 그리고 누군가 그것을 감상(鑑賞), 평가합니다. 우리는 원래 일종의 '평가본능'(評價本能)을 지닙니다. 사람이 평가할 뿐만 아니라 하느님이 반드시 평가하십니다. 「열왕기」에 나오는 짤막한 서술, '그는 야훼의 눈에 드는 바른 정치를 했다' 또는 '그는 야훼께서 보시기에 악한 일을 행하였다' 단칼에 재단을 하는 이 짤막한 기술이 얼마나 무섭습니까.

실은 내가 오늘 바오로 사제에게 '작품성원리'를 끈질기게 설명하는 데에는 나의 숨은 의도가 있습니다.

요새 주일이면 새로 이사 온 Y동 성당엘 나가는데, 미사가 시작되자마자 주임 신부님의 음성이 회중의 마음을 휘어잡아 잠시 지상의 환경을 떠나게 합니다. 부드러운 그 음성에는 하느님 사랑과 믿음과 확신이 충만해 있습니다. 발음은 분명하고, 음성의 흐름은 장중하고 경건합니다. 그러니 회중들의 마음이 단박에 휘어잡히는 것은 너무나 당연한 일이지요. 그리고 이어지는 미사는 그것이 미사인 동시에 깊고도 기쁜 기도며, 천상의 음악이며 짧지만 황홀한 신비체험입니다. 미사가 끝나고 나면 '아아, 정말 은총의 시간이다!' 이런 느낌이 절로 솟습니다. 그러니 외람되지만, 이 미사를 평가해서 A+를 먹이지 않을 수 있겠습니까. 여기서도 '작품성원리'입니다. 반면에 '이 미사 언제 끝나지' 하며 지루한 시간을 참아야 했던 기억도 없지 않았음을 솔직히 고백하지 않을 수 없습니다.

　바오로 사제여. 사제도 앞으로 사제가 집전하는 미사가 정말로 교우들에게 '은총의 시간, 신비체험이다!' 하는 느낌을 안겨줄 수 있기를 기원합니다.

　논문 준비는 어느 정도 되었나요? 그리고 건강은 여전히 괜찮겠지요?

2008. 5. 5
아비 사도 요한

기도의 힘

하늘에 계신 크옵신 우리 아버지 하느님께 온 정성과 사랑을 모아 흠숭과 찬미와 영광과 감사를 드리며 이 글을 시작할까 합니다.

이번에 나는 기도의 힘이 얼마나 큰가 하는 것을 다시 한 번 뼈저리게 느꼈습니다. 기도를 열심히 하면 하느님께서 그런 기도를 안 들어줄 수가 없고, 기도에 응답해 주시면 그것은 곧 은총이 될 수밖에 없다는 것을 실감하였습니다.

사제도 이미 알고 있는 일이지만, 그동안 우리 집안이 겪은 일을 간단히 정리해 보면, 3월 27일에 40년을 살아온 응암동이 재개발 지구가 되는 바람에 연희동으로 이사하느라 나나 요한나(사제의 어머니)와 막내(오 남매 중 유일하게 집에 남아 있는)는 무척 힘이 들었습니다.

4월 20일 주일 아침 요한나에게 언어장애가 온 것을 발견하고 무척 놀랐습니다. 갑자기 말문이 꽉 막힌 겁니다. 사제의 큰형이 달려와 몇 마디 말을 시켜도 요한나는 끙끙대기만 할 뿐 말을 못하고 계면쩍게 웃기만 하는 겁니다. 즉시 신촌 세브란스에서 응급처치를 받고 중환자실에 입원했고, 다음날 아침 서둘러 뇌수술을 받았습니다. 뇌의 혈관에서 피가 흘러 언어신경을 눌러서 생긴 현상이랍니다.

이러는 과정에서 알게 된 것인데 지난 시즌 용평에서 스키 탈 때 뒤에서 어떤 이가 요한나를 심하게 들이받아 넘어진 적이 있다고 합니다. 과로로 몸이 허약해지니 그런 일들이 다 트집이 된 모양이지요. 공교롭게도 수술하는 그 시간에 복자회 수녀님들에게 이 수녀회의 창설자이신 방유룡 안드레아 신부님에 관한 이야기를 하기로 되어 있어서 나는 병원에도 못 가고 그 수도원으로 갔습니다. 마음은 수술 건으로 불안한데 그렇다고 몇 달 전부터 정해진 일을 취소할 수도 없어 착잡했습니다.

강연 후에 있는 파견미사에는 참석하지 못하겠다고 사양했더니 너무나 섭섭해 하시기에 하는 수 없이 요한나의 뇌수술 이야기를 했더니 총장 수녀님께서 이삼백 명 정도의 많은 수녀님들께 사정얘기를 하시며 기도부탁을 하시더군요. 장내에 모인 수녀님들이 웅성웅성하시며 합심하여 요한나를 위해 기도를 하실 때 나는 하느님께 한없는 감사를 드렸습니다.

사제의 모친 요한나를 극진히 사랑하시는 성모님께서 묘하게 여러 사람들의 기도를 이끌어내 주신 덕택에 수술 경과가 괜찮아 일주일 만에 퇴원했고 한 달 후인 5월 27일 CT촬영 결과, '손상

됐던 뇌가 곱게 펴지고 있다'는 주치의의 말을 듣고 후유증을 염려하던 온 가족이 한시름 놓았습니다. 그러고 보니 사제에게 이 소식을 아직도 전하지 않았군요.

발병과 뇌수술 후 지금까지 요한나의 일은 순조롭기만 했습니다. 이 일이 어쩌다가 우연히 그렇게 된 일일까요?

사제여, 나는 결코 그렇게 생각하지 않습니다. 만약에 그렇게 생각한다면 나는 하느님의 크신 사랑에 배은망덕하는 미련하고도 뻔뻔스런 위인(爲人)이 될 수밖엔 없을 것입니다. 이번 일은 순전히 기도의 힘이라고 나는 확신합니다. 수술하는 순간에 '한국 순교복자수녀회'의 많은 수녀님들의 기도를 시작으로 사제의 이모 수녀님 두 분과 또 외숙 보나 수사와 그분들의 지인(知人) 여러 분이 기도해 주셨고, 또 사제의 동료 신부님들 그리고 어느 주교님께서도 우연히 소식이 전해져 기도해 주셨습니다. 그러니 요한나를 위한 기도에 합세해 주신 분이 성직자, 수도자만도 2, 3백을 헤아리지 않을까 하는 것이 나의 생각입니다.

수도자 성직자의 기도의 힘은 세속인의 기도의 힘보다 더 셀 것인가, 같을 것인가? 더 세지 않을 리가 있겠습니까. 이분들은 세속 사람들보다 훨씬 큰 희생제물을 하느님께 바친 분들이니, 하느님께서 더 귀를 기울여 주실 것이라고 나는 소박하게 믿습니다.

어쨌거나 성속합동(聖俗合同)의 기도의 줄기가 마치 강한 전류처럼 흘러 하늘에 가는 것을 나는 거의 느낄 수가 있을 것 같았습니다.

과학자라면 똑같은 실험을 여러 번 반복한 후에 어떤 결론을 내릴 것입니다만, 우리 신앙인이 그럴 필요가 있겠습니까. 단 한 번 겪는 일일지라도, 믿음과 관련되는 일에는 언제나 정성과 직관이 작용하며, 거기에서 강한 실감을 얻게 마련이며, 이 실감은 고스란히 우리 믿음의 내용이 돼버립니다.

요한나의 치유와 회복은 요한나를 위해 기도해 주신 많은 분들의 기도의 힘이며, 또 그것을 받아들여주신 하느님의 은총이라는 것도 나는 불을 보듯 엄연한 사실이라 확신합니다. 이렇듯 많은 분들의 은혜를 입었으니, 이 고마움을 이승에서 어찌 이루 다 갚아드릴 수 있겠습니까. 우선 스스로 이웃사랑 못지않게 자신의 몸을 돌보아 규칙적인 바른 생활로 병이 나지 않도록, 요한나의 경우 재발하지 않도록, 끊임없이 노력하는 일도 그 고마움에 보답하는 길이라 여겨집니다.

사제여, 남을 위해 기도하는 일보다 더 아름다운 일이 이 세상에 있겠습니까. 기도야말로 참된 신앙인의 핵심적인 활동이라 여겨집니다. 나는 사제도 삶의 뿌리가 기도와 하나인 그러한 삶을 살아가주기를 염원해 봅니다.

아멘.

2008. 6. 2
아비 사도 요한

상상의 스승

바오로 사제여. 하느님의 가호 아래 변함없이 몸 성히 지내고 있으리라 믿습니다.

요즈음은 우리 부부에게도 오 남매 중 막내이며 사제에게는 하나밖에 없는 동생인 기우(耆宇)가 잠시 미국엘 가 있게 되어 형제의 상면이 무척이나 기쁘리라 여겨집니다.

위의 두 형들보다도 평소에 기우에 대해서 각별히 관심이 많았던 사제 아닙니까. 아무쪼록 형제끼리 오랜 이별의 아쉬움도 풀고, 또 유익하고 즐거운 대화도 많이 나누기 바랍니다. 사실 기우는 사제가 보고 싶어 미국엘 간 것이나 다름이 없습니다. 이런 기회를 마련해 주신 하느님께도 깊은 감사를 드려야 하겠지요.

이번 나의 묵상의 주제는 '상상의 스승'이라 했습니다만, 실은 이 생각의 꼬투리는 20세기를 대표할 만한 미국의 빼어난 시인

T. S. 엘리엇에게서 얻은 것입니다.

엘리엇은 시인이 시를 쓰는 데 세 가지 목소리가 있다 하였습니다. 첫째 목소리는 일기나 독백과 같은, 청중을 의식하지 않는 경우의 시인의 목소리입니다. 둘째는 시인이 청중이나 독자를 상대로 해서 내는 목소리입니다. 셋째는, 엘리엇의 말을 그대로 옮겨보자면, 상상상의 등장인물(one imaginary character)이 또 다른 상상상의 인물(another imaginary character)에게 말을 하는 경우의 목소리입니다. 이런 생각은 시극(poetic drama)과 관련됩니다. 시극(시극도 일종의 극입니다)에서의 등장인물이 모두 시인의 분신일 수는 없고, 시인이 창작해낸 인물일 수밖엔 없는데, 따라서 그러한 인물이 역시 그러한 인물에게 말을 하는 경우엔 결국 상상상의 인물이 상상상의 인물에게 말을 하는 경우가 된다는 것입니다. 그리고 이러한 인물들을 가장 잘 살리는 작가가 셰익스피어입니다.

엘리엇의 이론은 기실 이렇게 간단한 것은 아니고 세부적인 이론전개는 상당히 복잡합니다만, 어쨌거나 상상상의 인물이 상상상의 인물에게 발언을 한다는 이 생각이 무척 흥미롭게 느껴지며, 엘리엇은 역시 대단히 깊이가 있는 시인이라는 실감을 다시 한 번 갖지 않을 수 없습니다.

여기에서 나는 '상상상의 스승'이란 생각을 얻게 되었습니다. 영어로는, 'an imaginary mentor'쯤 되겠지요. 그리고 '상상상'(想像上)이란 말도 단화(單化)해서 지금부터는 그냥 '상상'으로 쓸까

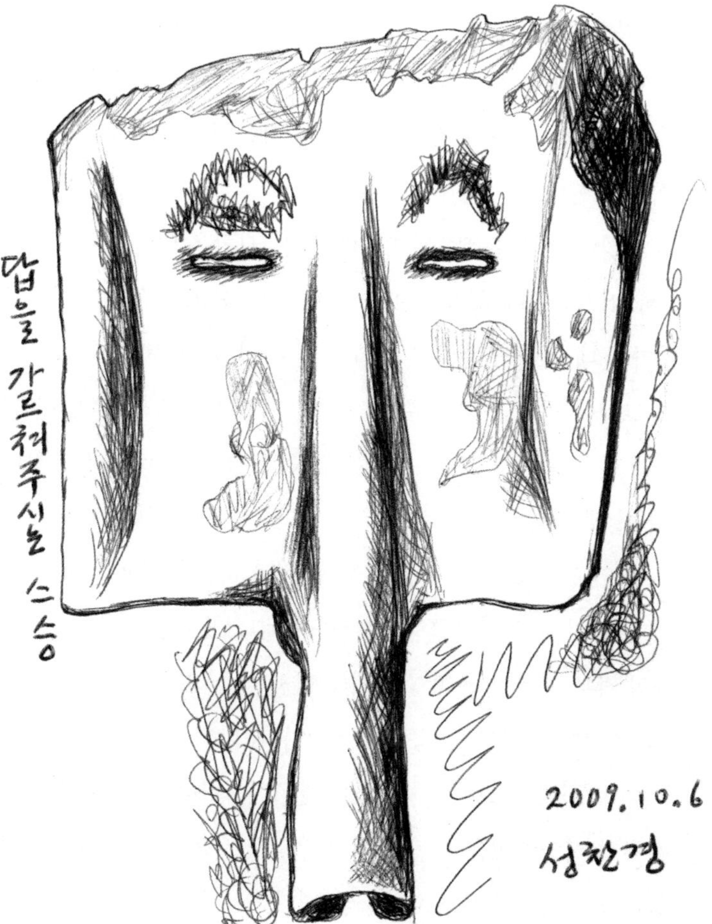

답을 갈르쳐 주실 스승
2009.10.6
성찬경

합니다.

상상의 스승! 우리 마음을 사로잡는 설레는 말(개념)이 아닙니까. 우리가 하루하루 영성적(靈性的)으로 성장을 하여 예수님이 말씀하시는 바와 같이 하늘에 계신 아버지처럼 완벽한 인간상에 한 발짝이라도 더 가까이 가기 위해서는 마음의 스승, 인생의 스승이 꼭 필요합니다.

이 세상에서 좋은 스승과 인연이 닿은 사람은 얼마나 행복합니까. 바로 가까이에서 행동으로써 산 모범을 보여주시며 사물을 판단하는 데 있어서 풍부한 체험과 깊은 식견으로써 도움을 주신다면 그것이 얼마나 고마운 일입니까. 훌륭한 스승의 말씀 한 마디는 우리가 혼자서 몇 년 동안을 암중모색하는 노력의 성과보다도 몇 십 배나 나을 수 있는 경우가 얼마든지 있습니다. 그런 분들의 도량 있고 격조 높은 행동을 보고, 절로 솟는 감동과 찬탄을 느낄 때 우리의 삶은 그만큼 위를 향하게 됩니다.

나의 경우 그런 마음의 스승이라 할 만한 분의 이름을 한 네 분쯤 들 수 있다는 것이 나의 큰 행복입니다. 나의 시를 추천해 주신 조지훈 선생님도 그런 분 중의 한 분이셨습니다. 조지훈 선생님은 훌륭한 시인이셨을 뿐만 아니라 우리 고유의 전통적 문화에서의 참된 선비의 모습을 보여 주셨습니다.

또 본명이 세례자 요한이셨던 구상 선생님도 내게는 둘도 없는 은인이시며 또한 좋은 스승이셨습니다. 구상 선생님도 큰 시인이

셨음은 물론입니다만, 선생님의 마음의 넓이와 이웃사랑을 실천하는 그 정성의 깊이는 내 마음의 척도로는 도저히 헤아릴 수가 없습니다.

철학자이신 토머스 아퀴나스 김규영 선생님도 나에게는 살아계신 믿음의 가장 높은 표양이십니다.

또 한 분은, 「한국순교복자수도회」를 창설하신 무아(無我) 안드레아 방유룡(方有龍) 신부님(1900~1986)이십니다. 뵈올 때마다 언제나 "아아, 이 분이야말로 살아계신 성인이시구나!" 하는 느낌을 받았습니다.

이런 분들이 모두 훌륭하신 나의 영적 스승임에는 틀림없습니다만, 그러나 이분들 역시 사람인 까닭에 하늘에 계신 아버지처럼 완벽하게 되려면 아직도 멀었다고 할 수밖에 없겠지요. 이런 생각을 하는 중에 나는 어느 틈엔가 '상상의 스승'을 또 생각하게 되었습니다. 나의 상상의 스승. 내가 눈으로는 볼 수 없어도 마음속으로 꼭 옆에 살아계신 분처럼 모실 수 있는 스승! 그러한 스승의 모델이 되는 분이 누구일 거라고 사제는 생각합니까.

그런 분이 예수 그리스도 말고 누가 또 있겠습니까. 예수님은 역사상 실존(實存)하신 인물이셨기 때문에 예수님을 두고 상상의 스승이라 하는 것도 맞지 않는 면이 있습니다. 허나 예수님과 나와의 2천 년이란 아득한 시간의 간격을 생각할 때 내가 예수님을 구체적으로 그려보기 위해서는 끝도 없는 상상의 도움을 받을 수밖에 없습니다. 이런 점에서 예수님을 상상의 스승이라 한 것입니다.

우리는 흔히 현실의 세계와 상상의 세계가 각각 별개의 것으로 생각하기 쉽습니다만, 잘 살펴보면 이 둘은 결코 별개의 것이 아니며, 서로 긴밀한 관계로 연결돼 있습니다. 상상력이 풍부한 사람은 그만큼 마음의 세계가 넓은 사람입니다.

예수님은 하느님이시며 동시에 인간이시고, 인간이신 동시에 하느님이시라는 신비 때문에, 우리는 예수님을 스승으로 모실 수가 있고, 또한 동시에 하늘에 계신 하느님 아버지로서 흠숭을 드릴 수가 있습니다.

『신약성경』이 기록하고 있는 예수님의 언행은 얼마나 생동감 있게 구체적입니까. 그러면서도 그것은 얼마나 우리의 상상력을 불러일으킵니까. 눈물 흘리시는 예수님! 괴로워하시는 예수님, 아파하시는 예수님! 우리가 상상의 날개를 펴면 펼수록 예수님이 더욱 살아서 현존하신다는 이 사실도 신비가 아니겠습니까. 어쨌든 간에 천상천하에 예수님 같은 스승을 모실 수 있다는 것이 얼마나 큰 우리의 행복입니까!

사제여. 늘 건강하여 이 아비의 마음이 놓이게 해 주십시오.

2008. 7. 9

사도 요한 씀

개미정신과 날개

기헌 바오로 사제여

T. S. 엘리엇의 대표작 중의 하나라 할 수 있는 장시 「황무지 (The Waste Land)」에 'Shall I at least set my land in order?'(최소한 내 나라의 질서를 바로잡는 날이 올 것인가?) 하는 구절이 있습니다. 어느 왕자가 무의식중에 자기가 앞으로 맡을 나라를 걱정하는 소리로 읽히는 대목입니다만, 나는 이 구절을 볼 때마다 신음 섞인 한탄이 절로 나옵니다. 참으로 평이하면서도 뜻이 깊은 명구다 싶은 찬탄의 감정은 어디 갔든지 간에, 여기서의 한탄이 나의 처지와 너무도 같기 때문입니다.

나의 평생은 그야말로 잡다한 여러 생각들이 정리되지 않은 채 무질서하게 얽혀, 그 중 어떤 것은 더러 세상의 빛을 보고, 어떤 것은 영영 묻혀버리는 그러한 과정이라 해도 과언이 아닙니다.

그때그때 스치는, 알맹이가 있는 묘상(妙想)들을 끄적끄적 적어놓은 메모지들이 무질서하게 쌓여 있어, 이제는 거의 쓸모없는 폐물들이나 다름이 없습니다. 저것들을 언제 다 정리하나. 아주 미련 없이 버릴 수도 없고! 이런 한탄입니다. 내가 인생을 잘못 살았구나! 하는 회한과도 같습니다.

여기서 '개미정신'이란 '티끌 모아 태산'이라는 우리나라 속담의 취지와 다를 바가 없습니다. 시간에 빚을 지지 않고 해야 할 일을 그때그때 해버리는 근면성을 말합니다. 오늘 해야 할 일을 내일로 미루지 않는 꼼꼼함을 말합니다. 너무나 평범한 생각입니다. 그런데 이 평범한 일(어느 의미에서는 의무이기도 한)을 등한이 하는 데서 오는 결과는 결코 만만한 것이 아닙니다.

전에 내가 어렸을 때 뵌 할아버지들은 편지를 받으면 그 자리에서 답장을 쓰는 것을 여러 번 목격했습니다. 그야말로 즉시주의입니다. 그리고 이 즉시주의가 바로 개미정신의 최선의 실천방법입니다. 그분들은 나처럼 답장 쓰는 일을 하루하루 미루다가 끝내 쓰지 못하고 몇 해가 지나도록 두고두고 후회하는 따위의 어리석은 실수는 하지 않으셨습니다.

한편 여기서 나는 '날개'란 말을 '상상력' 또는 '우리 정신의 상상적 활동'과 같은 뜻으로 썼습니다. 그러니까 '날개'는 곧 '상상력'의 환유(metonym)가 되는 셈이지요.

상상의 세계를 현실의 세계와 동떨어진 공상의 세계와 혼동할 사람은 없겠지요. 사실 현실과 상상에 그렇게 뚜렷한 경계선이 있는 것은 아닐 것입니다. 물론 현실계와 상상계가 개념상 같을 리야 없습니다만, 그 경계에 예리한 선이 그어져 있는 것은 전연 아닙니다.

우리의 의식의 세계 내부를 생각해 보면 곧 이것을 알 수 있습니다. 우리가 내일 일을 이렇게 저렇게 머릿속에 그려볼 때 (그렇게 하지 않는 사람은 아무도 없습니다) 그러한 의식은 이미 현실과 상상이 구별 없이 섞여 있는 상태입니다. 예상도 사실은 상상의 일부입니다. 내일 일에 대한 준비 없이 살아나가는 사람이 누가 있겠습니까. 농부는 상상의 창고 안에 겨울 양식을 이미 쌓아놓고 있습니다.

우리 의식 안에서는 현실과 상상은 채워나가야 할 내용을 서로 제공하고 또 나아가야 할 방향을 서로 지시하는 그러한 혼연한 유기체입니다. 현실 안에서 상상이 숨 쉬고 있고, 상상은 또 현실로 해서 그 피를 얻고 있는 것이지요.

그러나 '날개'란 말은 이러한 뜻 이상의 뜻을 품고 있습니다. 날개는 문자 그대로 날아감, 비상(飛翔)을 뜻함이니 이것이 상상의 무한대의 영역이기도 합니다. 상상은 우주 끝까지 날아갑니다. 그리하여 상상의 비상에 의해서 우리의 현실 또한 우주와 같은 크기로 확대됩니다. 오늘날 우리가 살고 있는 시대를 우주시대라 하는 데에 주저할 사람이 누가 있겠습니까. 상상력은 곧 현실을 이상(理想) 쪽으로 날아가게 하는 날개입니다.

개미정신은 어떤 일의 부품과 같은 것이고, 날개는 그 일의 전체적 구조를 파악하는 통찰력 내지는 포용력이라 해도 되겠지요. 되풀이해서 말하면, 개미정신은 이상(理想)과 희망의 기초요 날개는 그러한 이상과 희망의 실현이다, 이렇게 말할 수 있지 않을까요.

물론 사람 따라 개미정신이 더 강한 사람이 있고, 또 날개 쪽이 더 승(勝)하는 경우도 있습니다. 이것도 사람마다의 개성이겠지요. 개미정신과 날개를 같을 만큼의 비유로 갖추고 있는 것이 이성적인 상태라 할 수 있겠지요.

그러한 이상적인 배분을 타고났던 사람이 바로 독일의 대시인 괴테지요. 괴테는 모계의 혈통에서 남쪽지방의 밝은 기질을 받았는데, 이것이 곧 그의 날개였으며, 부계에서는 독일인 특유의 근면함을 이어받았습니다. 그리하여 그는 아무도 따라갈 수 없는 수준에서 동시에 현실가요, 과학자요, 예술가이며 시인이었습니다.

사제의 남매들은 대체로 '날개' 쪽 기질은 나름대로 괜찮은 수준인데, 개미정신은 모두 이 아비를 닮아서, 좀 부족한 것 같습니다. 개미정신 없이 성실한 사람이 되기란 불가능합니다. 무슨 설교를 하기 위해서가 아니라, 이 아비의 전철을 밟지 않도록 하기 위해서 생각나는 대로 적어보았습니다.

사제여. 늘 건강에 유의하십시오.

2008. 8. 9
사도 요한 씀

'내가'인가 '나는'인가

기헌 바오로 사제여

　건강은 우리가 지키는 것이기도 하지만, 하느님께서, 어쩌면 우리들의 수호천사를 통해서 지켜 주시는 것이기도 합니다. 건강할 때 늘 하느님께 감사하는 마음을 잊어서는 안 되겠지요.

　언젠가 사제가 나에게 "새로 나온 『성경』(2005년 9월에 간행된) 말미에 아버지의 성함이 기록돼 있는데 이 일은 예삿일이 아닙니다" 하고 말한 적이 있습니다. 그 말을 듣고 『성경』을 펼쳐보니 아닌 게 아니라 『성경』 맨 끝 부분에 '협력자'를 소개하는 자리에서 '윤문 위원'으로 일한 여섯 사람 중에 나의 이름도 끼어 있더군요. 사제 말대로 나로서는 감읍할 만한 영예가 아닐 수 없습니다. 성경책을 우리말로 번역해서 내는 일이야말로 하느님 사업 중에서도 매우 중요한 일일진대, 이 일에 적게나마 도움이 될 기회가 차례 왔고, 이름까지 기록되어 영원히 남게 되었다니 이 얼마나 큰 은총입니까.

허나 주시는 은총이 크면 클수록 거기에 따르는 짐과 책무도 무겁지 않을 수 없을 것이니 솔직히 고백하자면, 내가 과연 하느님의 부르심에 응해서 성심성의껏 전력을 다하여 보답했는가 하는 반성을 두고두고 하게 되고 거기에 따르는 회의가 말끔히 가시지를 않아 마음이 아파지는 것도 사실입니다.

더군다나 『성경』에 가끔 번역상 결함이다 싶은 곳이 눈에 띄면 가슴이 철렁합니다. 물론 이번의 번역은 한두 사람만의 노력의 결집이 아니고 몇몇 윤문위원 이외에도 실로 많은 사람들의 노고의 산물임은 말할 것도 없습니다. 그렇다 하더라도 미력하나마 애를 쓴 것이 사실이니 착잡한 심경이 되기도 합니다. 내가 더러 괜찮다 싶은 의견을 내놓았음에도 그것이 채택되지 않은 경우도 기억이 납니다.

『성경』은 앞으로도 두고두고 번역을 수정하고 보완해 나가야 하리라고 여겨집니다.

여기서는 『성경』을 보며 제일 내 마음이 아파지는 경우를 지적해두고자 합니다. 사족이나 다름없는 설명을 보태자면, 이러한 일이 내게 즐거울 리가 없지만, (오히려 고통스럽습니다) 그렇다고 해서 가만히 있는 것은 하느님 사업에 동참하는 사람으로서 의무 태만이 될 것이라는 점입니다.

『성경』에서 예수님이 설법하실 때에, 대개의 경우 "내가 … 말한다"로 돼 있습니다. 이 때 '내가 …'보다는 '나는 … 말한다'로 해야 되지 않을까 하는 것이 그제나 지금이나 나의 생각입니다.

예를 들어 현 번역은 "내가 진실로 너희에게 말한다. 너희가 무엇이든 땅에서 매면 하늘에서도 매일 것이고, 너희가 무엇이든지 땅에서 풀면 하늘에서도 풀릴 것이다"(마태 18,18). "내가 또 진실로 너희에게 말한다. 너희 가운데 두 사람이 이 땅에서 마음을 모아 무엇이든 청하면, 하늘에 계신 내 아버지께서 이루어 주실 것이다"(마태 18,19) 그리고 이런 예는 도처에 나옵니다. 『성경』의 초고를 쓰신 분은 단연 '내가 …' 쪽을 선호하고 있으며 '나는 …'은 더러 나오기는 나와도 거의 예외적입니다. 여기서 우리는 '내가 …'와 '나는 …'을 면밀히 분석 비교하여 조금이라도 더 나은 쪽을 택해야 할 것입니다.

'내가'의 '가'도 '나는'의 '는'도 다 같이 주격을 나타내는 조사입니다만, 그 기능은 전연 다릅니다.

먼저 조사 '가'가 쓰이는 경우를 살펴보겠습니다. 나의 생각에 '가'가 갖는 의미적 기능은 두 가지가 있다고 판단됩니다. 먼저 어떤 사건이 발생했다고 합시다. 그 사건의 내용은 모든 사람이 다 알고 있습니다. 그럴 경우 누군가가 '이 일을 누가 했습니까?' 하고 묻습니다. 그러면 그 일을 한 사람이 나서서 '내가 했습니다' 하고 답을 해야지 '나는 했습니다' 한다면 분명히 이것은 우리말 사용의 문법적인 오류입니다.

또 하나는 어떤 말을 '내가 했다' 하면 그 말을 한 사람이 A도 아니요 B도 아니요 C도 아닌 바로 '나'임을 나타낼 때 조사 '가'가 쓰입니다. 이와 같이 '가'는 행위자, 주체 측, 주어의 주인의 배타적 선택적 성격을 강조합니다.

한편 역시 주격 조사인 '는(은)'은 행위자, 또는 발언자의 선택적 자격이 아닌 대표적 자격을 나타냅니다. 예컨대 사람들은 A라는 사람이 무슨 말을 할지 모르고, 또 B라는 사람도 무슨 말을 할지 모르고, C라는 사람도 무슨 말을 할지 모르는 경우에 'A는 …', 'B는 …', 'C는 …' 해야 하며 이런 때 조사 '가'는 적절하지 못합니다.

예수님이 "마음이 가난한 사람은 행복하다고 내가 말합니다" 하면 듣기에 따라서는 '내가 누구입니까. 하느님의 아들 아닙니까. 그러니 여러분 내가 하는 말을 들으시오' 하는 뜻의 여운도 느껴집니다. 반면에 '… 나는 말합니다' 하면, '나도 여러분과 같은 한 사람이기도 합니다. 여러분도 생각이 있겠지만 나의 생각은 이러하니 여러분 잘 듣고 음미해 보십시오' 이런 뜻의 여운이 울려오기도 합니다.

예수님이 '내가 …'라 하시면 무척 권위적으로 들려오는 반면에 '나는 …' 하고 말씀을 꺼내시면 퍽 부드럽고 설득적입니다. 예수님께서 누구나가 이미 다 알고 있는 내용의 설법을 하시는

것이 아니라 새 복음을 가르치시고 선포하는 마당이니 '내가 …'
보다는 '나는 …'을 택해야 되지 않을까 하는 것이 나의 판단입
니다.

나는 차라리 이러한 나의 판단이 틀리는 경우가 되었으면 하는
바람이 있습니다. 나 한 사람의 판단의 오류야 교회에서 볼 때 아
무 일도 아니기 때문입니다. 그러나 나의 판단에 일리가 있다면
어려움이 따른다 하더라도 '내가 …'를 '나는 …'으로 고치는 작
업도 등한히 해서는 안 되리라 여겨집니다. 사제도 이 문제를 함
께 생각해 주십시오.

사제여. 이 곳 한국에서 요한나와 내가 늘 사제의 안녕에 마음
을 쓰고 있다는 점을 아로새겨 주십시오.

2008. 9. 9

사도 요한 씀

토머스 머튼 찬미

기헌 바오로 사제여

세월이 빠르게 흘러간다는 것을 실감합니다. 허나 무엇인가에 열중하고 있을 때 시간도 어느 틈엔가 가버리는 법이지요. 그러니 시간이 빠르게 느껴지는 것은 그만큼 열심히 살고 있다는 표시인지도 모르겠습니다. 어쨌든 간에 후회 없는 인생이 참으로 좋은 인생일 터인데, 최선을 다하며 하루하루 살아나가는 경우가 그런 경우이겠지요.

토머스 머튼에 대해서 언젠가는 글을 써보고 싶다는 생각이 늘 나의 마음속에 있어 왔는데, 오늘이 마침내 그런 날인가 봅니다. 그렇다고 이 글이 무슨 논문도 또는 본격적인 문학비평도 아니며, 머튼에 대한 나의 감상(感想) 정도의 글이지요. 좀 더 단적으로 말해서 나의 머튼 찬미인데, 토머스 머튼이야말로 정말 사람들의

116

찬미를 받아 마땅한 인물이 아닌가 싶습니다.

왜냐하면 머튼의 글을 통해서 헤아려보건대 (그 이상은 나도 모릅니다) 머튼이야말로 하느님의 진리를 증언하고 또한 실천하고 간 사람이라고 느껴지기 때문입니다. 하느님 진리의 사도, 이런 말이 그에게는 결코 부적절하지 않을 것입니다.

머튼은 저서가 무척 많지요. 아마 100권도 넘지 않은가 싶은데, 그렇다면 내가 읽은 그의 저서는 그저 그의 저서의 일부를 조금 엿보았다 하는 정도를 넘어서지 못합니다. 그렇지만 내가 읽은 그 몇 권의 책에서도 나는 머튼의 글 솜씨와 생각의 올바름과 그의 정신의 구조의 순수함을 느낄 수가 있으니, 언제나 부분(部分)도 전체의 충실한 일부(一部)일 수밖에 없을 것이기 때문이겠죠.

전에 내가 보고 깊은 감명을 받았던 책은 『황야의 빵(The Bread in the Wilderness)』이었습니다. 여기 연희동으로 이사 오는 북새통에 그 책이 어딘가에 끼어 지금 내가 다시 꺼내볼 수는 없습니다만, 그 책을 읽고 난 후의 감명이 어떠했는가 하는 기억은 지금도 생생합니다. 그 책은 간략하게 말해서 성경의 「시편」읽기의 안내서 같은 내용이었습니다만, 하느님을 믿는 이가 되풀이 되풀이 시편을 읽음으로 해서 얼마나 깊은 위안과 큰 힘을 얻을 수 있는가를 우리에게 실감나게 알려주고 있습니다.

여기에서 나는 머튼의 문체에 대해서 먼저 말하고자 합니다. 토머스 머튼의 문체는, 간결하고 명석하며 또한 뜻이 깊습니다.

이겁니다. 이것은 글 쓰는 이들이 자나 깨나 잊을 수 없는 가장 높은 경지를 가리키는 지표가 아닙니까. 글이 화려하면 무엇합니까 뜻이 흐려져 있다면. 뜻이 통한다면 무엇합니까, 글에 깊이가 고여 있지 않다면. 그런데 말은 쉬워도 이런 경지까지 간 사람이 어느 시대를 막론하고 과연 몇 사람이나 됩니까. 현대인(20세기와 21세기 사람)치고 내가 본 범위 내에서는 위에서 말한 조건을 채워 주는 사람은 머튼 이상은 없습니다. 어딘가에 조금씩 결함이 있습니다. 그런데 머튼은 그렇지가 않습니다. 이 얼마나 대단한 일입니까. 머튼의 자전적 소설 『칠층산(The Seven Storey Mountain)』을 더러 어거스틴 성인의 『고백록』과 비교하는 것도 이유 없는 일이 아니었습니다.

하지만 토머스 머튼은 글만 잘 쓰는 문사가 아닙니다. 문자 그대로 진리를 실천한 그리스도의 증거자입니다. 머튼이 생전에 트라피스트 수도회의 수사 신부였다는 것은 누구나가 다 알고 있는 사실입니다만, 이러한 일만으로 머튼이 진정한 그리스도의 증인이었었다는 사실을 충족시킬 수는 없는 일이겠지요.

『칠층산』, 바오로 사제가 가톨릭 대학 3, 4학년 때 무척이나 감명 받았었다고 나에게 말한 그 책입니다. 아마 이러니 저러니 해도 머튼의 대표작이겠지요.

모든 문장이 토머스 특유의 특색으로 빛나고 있지만, 우선에 깊은 감명을 받는 것이 머튼이 그의 어머니와 영원한 이별을 할 때의 토머스의 심경 묘사입니다.

이 때 머튼은 여섯 살이었습니다. 16세가 될 무렵 예술가(화가)
였던 아버지도 세상을 떠나 머튼은 천애의 고아가 되었습니다.
이러한 불행이 오히려 머튼으로 하여금 하느님의 일꾼이 되는 지
름길을 가게 했는지도 모르니, 하느님 섭리의 오묘함을 우리가
어찌 다 헤아릴 수 있겠습니까.

다음에 또 내가 감명을 받은 것은 개신교의 집안에서 태어난
그가 천주교로 개종하게 된 동기를 설명하는 대목입니다.

머튼으로 하여금 천주교로 회귀하게 한 동기는 'aseitas', 영어
번역으로 'aseity', '자존성'(自存性) 바로 이 말이었습니다. 하느님
은 존재 자체이시기 때문에 '인과율' 밖에 계시다. 하느님의 원인
을 하느님 안에서 찾을 필요조차도 없다. 하느님은 그냥 그대로
존재이시다. 이 간단명료한 초논리적인 (그러나 그 자체 너무나 완벽
한) 명제 앞에 머튼의 지금까지의 신념과 자존심은 박살나고, 그
대로 하느님 앞에 무릎을 꿇는 것이지요. 그렇게 삽상(颯爽)하게

하느님 앞에 엎드리는 자세에는 거의 심미적인 쾌감이 따를 정도입니다. 머튼의 총명함과 결단력은 과연 하느님께서 뽑은 사람답습니다.

영혼의 깊이가 고인 좋은 책은 읽기 전과 읽은 후를 비교하여 반드시 사람이 달라진다, 이것이 독서에 대한 나의 신념입니다. 내가 나이 80이 가까워서 겨우 읽고 감탄 삼탄하며 수선을 떠는 것에 반하여 바오로 사제는 일찌감치 벌써 학부 때 이 책을 정독을 하고 깊은 감명을 받았다니, 무척 다행스러운 일입니다.

여기 한국에 늘 사제의 안녕에 마음을 쓰는 노부부가 있다는 것을 기억하여 건강에 유의해 주십시오.

2008. 10. 10
사도 요한

나는 과연 참된 천주교 신자인가

기헌 바오로 사제여

올해에는 한 달에 한 번씩 내가 사제에게 편지를 쓸 기회를 가져왔습니다. 이 일도 하느님께서 내려주신 은총이라 여겨집니다. 아마 앞으로는 내가 사제에게 편지 쓰는 일이 그리 많지는 않으리라는 생각도 듭니다.

지금까지 내가 편지를 쓰는 중에 뻔한 일을 두고 아는 척 했거나, 또는 사제가 다 알아서 하고도 남음이 있는 일을 놓고 이래라저래라 하지나 않았나 하는 반성이 들기도 합니다. 만약에 그러했다면, 이 아비의 부질없는 노파심에서 그렇게 된 것이니 너그럽게 이해해 주었으면 하는 바람입니다.

그런데 여기서 사제에게 또 한 가지 간곡한 부탁을 하고 싶은 생각이 있으니, 이번에야말로 나는 그 말을 참을 수가 없습니다.

무엇인가 하면, 이건 문자 그대로 부탁인데, 사제가 평생 어디를 가나, 무슨 일을 하나, 항상 저 신부는 열심히 기도하는 신부다! 하는 말을 듣는 그러한 신부가 되어달라는 것입니다.

기도야말로 믿음의 처음이자 끝이 아니겠습니까. 기도는 하느님과 나와의 관계를 이어주는 튼튼한 끈이며 또한 하느님과 의사소통을 하는 유일한 통로입니다. 기도를 떠나서 우리가 어떻게 올바른 생각을 할 수 있으며, 또한 그러한 생각을 실천에 옮길 수 있겠습니까. 기도야말로 우리가 희망을 갖고 은총을 바랄 수 있는 그 근거입니다. 어려움을 극복할 수 있는 방법은 기도 이외엔 없습니다. 또 다 아는 일을 되뇌고 있군요.

어쨌든 사제가 기도 열심히 하는 사제라는 소리를 듣게 된다면 여기 늙은 부모는 더 바랄 것이 없겠다 싶습니다. 그러기 위해서는 실제로 기도를 많이 하는 수밖엔 없습니다. 그리고 기도의 맛을 기도의 기쁨을 받게 되어야 하겠지요. 기도에는 대용품이 없습니다.

지난해(2007) 〈참 소중한 당신〉에 내가 다달이 쓰던 칼럼의 마지막 회 제목이 '나는 왜 천주교 신자인가' 하는 것이었습니다. 실은 일종의 신앙고백을 겸해서 이 글을 썼던 것이며, 또한 어디서고 내가 천주교 신자라는 것을 떳떳하게 밝힐 수 있어야 되겠다는 생각에서 썼던 것인데, 그러나 그 후 '나는 과연 명실상부하는 진정한 천주교 신자인가' 하는 반성으로 가책을 받게 되기도 하여 다시 한 번 이 문제를 생각하게 됐습니다.

명목상으로는 나는 천주교 신자임에 틀림이 없습니다. 영세도 받았고, 견진성사도 받았고, 최소한 주일미사는 궐하지 않으려고 하며, 길 가다가 불쌍한 동포를 만나면 조금씩 보시를 하기도 하며 어려운 일이 생기면 하느님과 성모님께 또는 성인님들께 매달리기도 합니다. 그러나 이와 같이 외적인 여건만 채우면 그것만으로 참된 천주교 신자라 자부할 수가 있겠습니까.

아니, 이렇게 조건만 따질 것이 아니라 좀 더 적극적으로 내 마음 안을 들여다보면, 거기에 변화무쌍하게 꿈틀거리는 갖가지 사악한 생각을 스스로 부인할 길이 없어 이건 보통 일이 아닙니다.

엄격한 잣대를 들이댄다면 나는 도리 없이 겉치레 신자이며, 마음 안 황량한 풍경은 어지럽기만 하며, 하느님 앞에선 다만 숨을 쉬는 것만으로 죄인입니다.

이런 생각에 사로잡혀 있는 중에 나는 카바노(Patrick Kavanaugh)가 쓴 『대작곡가의 신앙과 음악(Spiritual Lives of the Great Composers)』이란 책을 일역 판으로 읽었습니다. 이 책에서 바흐, 헨델, 하이든, 모차르트, 베토벤, 슈베르트, 멘델스존, 구노, 세자르 프랑크, 메시앙 같은 큰 작곡가들의 불후의 걸작들에는 하나같이 하느님 사랑과 깊은 신앙심이 스며 있다는 사실을 알게 되어 깊은 감동을 받았습니다. 그리고 또 다음과 같은 저자의 말을 만나게 되었습니다. '당신은 신앙과 일치하는 성실함으로 살아가고 있는가?', '어느 날 전기 작가가 당신의 생활을 살펴본다면

당신은 당신의 신앙을 명백히 입증할 수 있는 것으로서 무엇이 있는가?'

첫째 물음에 대해서는 나는 완전 낙제입니다. 둘째 물음에 대해서는 그나마 내가 괜찮은 생각을 할 때의 정서를 읊어 모은 나의 신앙시집 『황홀한 초록빛』이 있기는 있습니다.

이런 저런 상황에도 불구하고, 사제여, 결론적으로 나는 어엿하고 떳떳한 천주교 신자라고 선언할 수밖엔 없습니다. 그것은 내가 떳떳하고 잘나서가 아니라 우리 하느님은 자비의 하느님이시기 때문입니다. 나의 공덕으로 신자가 되는 것이 아니라, 오직 자비하신 하느님을 믿음으로써, 예수님의 부활을 믿음으로써 그 은총으로 나는 신자가 되는 것입니다. 내가 신자로서 구원을 받을 수 있는 사유는 오직 이것뿐입니다. 하느님은 우리가 버림받는 것을 원치 않으십니다. 그리하여

당신 이름을 아는 이들이 당신을 신뢰하니
주님, 당신을 찾는 이들을 아니 버리시기 때문입니다.

(시편 9,11)

또한

주님, 당신만이 저를 평안히 살게 하시니
저는 평화로이 자리에 누워 잠이 듭니다.

(시편 4,9)

사제여, 변함없이 건강에 유의하십시오. 그리고 좋은 논문 쓰는 일에 열중하십시오.

2008. 11. 5

아비 사도 요한 씀

3부

꿈 이야기 기타

내면에의 도전

'도전'이란 강적에게 싸움을 거는 일이다. 쉽게 이길 수 있는 상대라면 굳이 도전이란 말을 쓸 필요도 없다.

따라서 무엇인가에 도전하기 전에는 오랜 숙고가, 아니면 순간의 결단이 필요하다. 이 숙고와 결단 안에는 치밀한 계산도 미래를 투시하는 직관도 다 들어 있다. 지지는 않을 것 같다! 이길 수도 있다! 하는 느낌이 들 때, 또는 계산이 나올 때 도전에의 결의가 한 발짝 가까워진다.

싸워서 꼭 이기리라는 보장이 있는 것은 아니다. 그렇기 때문에 '도전'이라는 말에는 언제나 두려움의 감정이 내포되어 있게 마련이다.

도전해서 질 수도 있다. 이런 경우 '실패한다'는 다소 듣기가 부드러운 말을 쓰기도 한다. 지는 경우건 실패하는 경우건 상대가 만만치 않다는 얘기가 된다. '재도전'이란 말이 있다. 또한

'4전 5기', 심지어는 '7전 8기'라는 말까지 있다. 재도전할 용기가 없었다면 처음부터 도전하지 않았던 것이 나을 뻔했다. 그러나 일단 도전을 해 보고 나면 대개 상대의 힘에 대한 평가가 가능하다. 힘의 차이가 너무 엄청날 때에는 차분히 계획을 다시 세워 볼 일이다. 질 줄 뻔히 알면서도 무모하게 달려드는 것은 용기가 아니라 만용을 부리는 경우가 된다.

그러나 세상에는 질 것이 너무도 뻔한데도 목숨을 바쳐 도전하는 경우도 있을 것이다. 대의(大義)를 위해서다. 이런 '도전'은 매우 드물 것이지만, 대개 만고에 빛나는 충렬, 애국자, 지사, 의사, 순교자, 열사들이 여기에 속할 것이다. 목숨을 걸고 하는 이런 도전은 아무나 하는 것이 아니다. 이런 분들이야말로 깊은 고뇌를 겪으며 의지와 운명을 일치시킨 갸륵한 분들이다. 이런 분들의 최후를 우리는 '산화'(散華)란 아름다운 말로 기린다. 이런 분들에 의해서 인류의 역사는 그나마 파멸의 길에서 구원되어 빛을 잃지 않고 더듬더듬 앞으로 나아가는 것이다.

'도전'이란 말을 생각할 때 나에게 우선 떠오르는 것이 빅토르 위고의 말이다. "오늘의 목적은 무엇인가. 싸우는 일이다. 내일의 목적은 무엇인가. 이기는 일이다. 모든 날의 목적은 무엇인가. 죽는 일이다." 대개 이런 말이었다고 기억한다. 인생을 싸움이란 관점에서 봤을 때 참으로 정곡을 찌른 힘 있는 말이다. 짙은 비극성이 풍겨지기도 한다. 인생을 비극으로 우선 인식한 마음이라야

(아담과 이브의 원죄가 있지 않은가) 즐거움도 여유도 생기는 법이 아닐까 한다.

또 한 가지 생각나는 것은 저 러시아의 문호 톨스토이가 나이 80이 넘어서 『신약성경』을 읽기 위해 희랍어 공부를 시작했다는 얘기다. 우리를 숙연케 하는 일이다. 그런데 뭐, 이런 일은 톨스토이까지 가지 않아도 우리 주변에서 가끔 일어난다. 80이 가까운 어떤 노인이 대학 입학시험에 합격했다는 보도가 있었는가 하면 50을 넘긴 어느 시인이 대학 입학 자격 검정시험에 합격한 일도 (신문에는 나지 않았지만) 있다. 허나 톨스토이의 경우는 희랍어를 공부하게 된 동기가 원어로 성경을 읽겠다는 것이었다니, 그 격조 높음에 감탄을 하게 된다. 아마 톨스토이의 생애는 그러한 도전과 실패의 (이상이 높은 데서 오는) 연속이었을 것이다.

무엇인가에 도전하고자 하는 의욕이 없는 인생은, 다시 말해서 뚜렷한 목표를 상실한 인생은 몸은 살아 있어도 정신은 이미 죽어 있는 거나 다름이 없다. 반면에 죽는 순간까지 선(善)을 위해서 무엇인가에 도전하고자 하는 의욕을 불태우는 경우는 참으로 죽음이 없는 삶이라 할 수 있을 것이다.

인생엔 투쟁의 면이 있고 조화의 면이 있다고 나는 생각한다. 뭐 그리 각박하게 도전 도전 하지 말고 일의 승패에 초연해서 그날그날 좋게 살아가는 길도 있는 것이다. 그러나 덮어놓고 어려움을 피하고자 해서 그런 길과 경지가 열리는 것은 아니다. 도리어 그런 일을 향하는 일이야말로 얼마나 어려운 도전이겠는가.

도전의 대상의 범주를 대개 두 가지로 나눌 수 있지 않을까 싶다. 하나는 남들과의 싸움에서 이기는 싸움에 대한 도전이다. 예컨대 대통령이 되어 보겠다던가, 고시에 합격하겠다던가 하는 식의 싸움에 대한 도전이다. 다시 말해서 야망에 대한 도전이다. 나는 이런 종류의 도전을 권하고 싶지 않다. 왜냐하면 이런 도전은 끝내 이길 수 있는 경우보다는 실패할 수 있는 확률이 훨씬 더 높기 때문이다. 그리고 이런 경우의 실패에는 엄청난 손실과 좌절감이 반드시 따르게 되기 때문이다. 고시에 매달리다 청춘을 비참하게 허비한 인생이 얼마나 많은가.

진정한 도전은 자기 자신의 내면에 대한 도전이다. 이런 도전에서 완전 패배란 있을 수가 없다. 예컨대 스스로의 나쁜 버릇 하나를 고치고자 하는 도전, 이런 도전은 노력한 만큼의 성과가 반드시 남는 법이다. 어떤 악습을 완전히 물리치지는 못했을지언정 노력한 만큼은 멀어져 있다. 그 악습을 부추기는 마귀도 이젠 그만큼 지쳐 있는 것이다. 조금만 더 노력하면, 한 번만 더 기운을 내어 전진하면 그 마귀는 그 이상의 싸움을 단념하고 어디론가 자취를 감출 것이다. 이런 도전에서는 언제나 크고 작고 간에 승리가 남을 뿐, 완전한 패배란 있을 수 없다.

이런 도전을 가리키는 예수님의 말씀이 생각난다. 나에게 잘못한 이를 일곱 번 용서하면 됩니까, 하고 묻자 예수님은 일곱 번씩

일흔 번이라도 용서하라고 말씀하신다. 선의 실행에 대한 끝도 없는 도전을 말씀하시는 경우가 아닌가 싶다.

"나는 평화를 위해서 온 것이 아니라 싸움을 위해서 왔다" 하신 말씀도 같은 맥락에서 해석할 수 있지 않을까. 아니 성경에는 도전에 대한 이러한 언급이 많다.(2003. 2)

세 가지 기준

  '표준국'이란 관청이 있었지 아마, 하는 생각이 떠올라서 사전을 보니 '표준국'은 안 나오고, '표준'이란 항목만 나오는데, 그 뜻이 (1) 사물을 처리하는 데서의 목표, (2) 타의 규범이 되는 준칙, 이렇게 돼 있다. 내친김에 '기준'(基準)을 보니, 그 뜻이 '기본이 되는 표준' 이러하다. '표준'이나 '기준'이 서로 비슷비슷한 말이다.

  어떤 사물의 성질이나 상황이 기준에 비추어서 그 정도가 어느만큼인가를 알아볼 수 있는 기계가 각종 계기다. 온도계, 압력계 따위다. 옛날 (벌써 반세기 이상 지났다) 학교 다닐 때 물리학 시간에 '경도계'(硬度計)에 대해서 배운 기억이 난다. 이 '경도계'는 특별한 기계 장치는 아니고, 단단하기가 다른 물질 열 가지를 모은 것에 불과하다. 손톱으로 긁힐까 말까 한 정도면 경도 1도다. 경도 10도에 해당하는 물질이 다이아몬드다. 그러니 이 세상에 다이아몬드에 흠집을 낼 수 있는 물질은 없는 것이다.

기준이나 규격은 우리의 삶에서, 특히 여러 사람이 모여서 복잡한 사회생활을 할 때에 없어서는 큰 일이 날 정도로 중요한 구실을 한다. 가게마다 저울대의 눈금이 다르다면 견딜 노릇인가.

무게나 길이, 화폐의 가치나 환율 따위 물질적 기준 말고도, 마음이나 정신 현상의 정도를 헤아릴 수 있는 기준을 세울 수 있는 일이 아니겠는가. 70평생 살아오는 동안에 어느 틈엔가 머리에 고인 이러한 기준이 한 서너 가지쯤 된다.

첫째, 저 사람과 나와 마주 앉아서 아무 말 없이 시간을 보내도 서로 마음에 불편함이 없다면, 그 사람과 나는 상당히 친밀한 사이다. 상호간 이해의 정도도 그만큼 깊다는 뜻이 된다. 침묵을 사이에 두는 시간이 길면 길수록 친밀의 정도도 그만큼 높다고 말할 수 있다. 듣고 보면 단순한 생각이지만, 이런 생각을 얻기까지에는 나의 뼈저린 체험이 깔려 있다.

젊었을 때, 사람을 만난다. 남자일 수도 있고 여자일 수도 있다. 인사하고, 날씨 얘기하고, 그 무렵 화제가 되는 운동 선수 얘기도 하고 나면 마땅한 화제가 끊어진다. 상대를 앞에 앉혀 놓고 아무 말이 없으면 그 사람을 푸대접하는 것이 된다. 무슨 좋은 화제가 없을까 하고 초조해지기 시작하면 머리가 더욱 콱 막혀서 좋은 생각이 더욱 떠오르지를 않는다. 세상에 뭐 이런 남자가 다 있어! 저쪽에서 이렇게 생각하는 것 같다. 그때의 그 지옥 같은 시간. 얼마나 많은 이런 괴로움을 제물로 바쳤던가.

부부 사이에서는 하루 온종일 말이 없어도 오해의 여지가 없다. 그러나 부부 싸움 한 다음은 사정이 다르다. 부부 싸움으로 해서 둘의 사이가 조금 멀어진 형편이다. 애써, 피나는 노력 끝에 화해를 했다. 이런 때엔 상대방에 대해 마음이 쓰인다. 말 않고 내버려두면 또 오해를 살까 봐 서로 자주 말을 걸게 된다.

침묵이란 좋은 것이다. 이 좋은 것을 서로 부담 없이 누리기 위해서는 서로의 친애의 정도와 이해의 정도가 그만큼 깊어져야 한다.

둘째, 무엇이고 연습이 힘들고 지겨워지면 그것은 심신 모두가 늙었다는 증거다. 이것이 늙음 측정의 기준이다.

연습이란 무엇인가? 연습은 숙달에의 희망이다. 스키건 골프건 서예건 연습 없이 숙달할 수는 없다. 연습은 달인이 되는 길잡이다. 따라서 연습은 희망이요 기쁨이다. 그런데 어느 날 연습이 하기 싫어진다. 바둑의 급수도 골프의 핸디도 거기에서 스톱이다. 이거야말로 늙음의 기준이 아니고 무엇이겠는가.

노신의 『아큐정전』에 아큐가 열심히 동그라미를 똑바르게 그리는 연습을 하는 장면이 나온다. 이것저것 다 그르친 연후에 동그라미 그리기에 열중하는 아큐의 자세에는 자못 처절한 바가 있다.

연습은 같은 동작의 되풀이다. 직선 긋기를 만 번 반복한다.

'만번주의'(萬番主義)가 연습의 기본 골격이다. 젊음의 힘과 패기 없이 이것이 가능하겠는가. 연습이 싫어지는 것이 늙음을 아는 기준이라면, 이것을 역으로 이용해서 애써 연습에 재미를 붙임으로써 늙음을 멀리 할 수도 있는 일이다.

셋째, 매사에 감사를 할 수 없다면, 달거나 쓰거나 간에 한결같이 감사를 바칠 수 있을 정도가 되지 못한다면 아직도 수도의 길이 멀었다는 증거다.

기쁜 일이 생기면 기뻐서 감사하고, 어렵고 언짢은 일이 생기면 시련을 주시니 감사할 일이 아닌가. 이 점에서는 나무가 제일가는 스승이다. 나무는 '절대적 수동성' 안에 머물러 있다. 그러면서도 그 안에서 누리는 저 나무의 눈부신 자유! 바람과 하나 되어 유유히 춤추는 저 나무의 충실(充實). 우리는 즐겁거나 괴롭거나 간에 살아 있는 동안은 삶 안에 있다. 살아 있다는 일의 이 설렘! 마당에 내려서니 날씨가 너무 맑고 따뜻하다. 내친김에 지팡이 하나 들고 뒷동산에 올라간다. 나뭇잎으로 덮인, 에메랄드의 터널이 유현하게 나를 빨아들여 준다. 이 기쁨, 이 감사로움.

소중한 침묵이 깃들 수 있을 정도로 (무엇이고) 사랑하며, 숨이 끊기는 그 순간까지 연습을 놓지 않으며, 자나 깨나 감사로 마음을 채우는 사람, 이런 사람이야말로 참된 현인이 아니겠는가.

단상(斷想)

“우리가 살고 있는 장소는 시간이다” 하고 시성 괴테가 말했다 한다. 어디에 나오는 말인지를 알 수가 없다. 허나 과연 천고의 명언인가 싶다. 존재의 양식을 있는바 그대로 통찰할 수 있는 예리한 지성에서 나온 말이다. 괴테에 대해서 새삼 감탄한다는 게 새꼽빠진 일일는지 모른다. 그러나 나는 빈약한 나의 기억의 창고에 들어 있는 몇몇 명언에 대해서 이따금씩 감탄을 해 보는 버릇이 있다.

우리가 살고 있는 장소가 시간이란 말의 뜻을 실상 나는 오랫동안 이해하지 못했을 것이다. 아니 이해라기보다도 실감하지 못했다는 편이 좋겠다. 그 뭣이 있다는 것은 타자에 의한 한정을 전제로 한다. 우리의 삶도 우선 공간속에 한정이 돼 있다. 여기에 또 하나의 한정이 있으니 그것이 곧 시간이리라. 공간이라는 좌표의 축에 시간이라는 축이 또 하나 더해지는 것이다. 물리학에 대해서 문외한인 나는 '상대성원리'라는 말이 풍겨주는 그 불가사의한 여운을 겨우 이런 뜻의 언저리에서 음미해 보곤 한다.

고인을 생각할 때 우리는 그가 동서양 어느 곳의 사람이었던가 하는 것에 못지않게 어느 시대의 사람이었던가 하는 것에도 관심을 두게 된다. 노자를 둘러싸고 있는 그 아득한 시간의 무리(暈)가 없던들 그리스도 이후 2천 년이란 역사가 흘렀다는 인식이 없던들 그들에 대한 신비스런 느낌은 그 태반이 사라져버릴 것이다.

우리가 살고 있는 시간의 장소를 먼 데서 바라보면 영겁 위에 반짝 피었다 사라지는 섬광과 같은 것이리라. 허나 그 반짝하는 기간이 우리에겐 또 하나의 영겁이기도 하다. 뉘라서 고뇌에 차 있는 인생을 영겁처럼 길다 느끼지 않을 수 있겠는가. 우리는 하늘의 성좌처럼 지정돼 있는 시간의 좌표 위에 반짝 나타났다가는 사라져 간다. 우리는 우리가 한국 사람이라고 하는 감회만큼이나 우리가 20세기와 인연이 닿은 것을 신기하게 여기게 된다.

어디서 와서 어디로 가는 것이냐? 우리의 육체의 생성과 소멸의 과정은 그런대로 자연의 이치의 테두리 안에서 설명이 되리라. 죽은 뒤 우리의 육체는 각 원소로 분해되어 땅에 스미고 하늘을 날아간다. 구름은 언젠가 의인의 입김이었으리라. 산골짜기에서 샘솟는 물엔 언젠가 덕 있는 이가 흘린 눈물이 섞여 있을지도 모른다. 육체의 소멸은 허망하지만 질료면(質料面)에서 볼 때 연속성이 있으리라 여겨진다. 그렇다면 우리의 정신 또는 영혼은 어떻게 되는 것인가? 남과 더불어 생겨서 죽음과 더불어 소멸하는 것일까? 밑도 끝도 없이 거품처럼 생겨서 거품처럼 사라지면 그만인 그런 것일까? 정신현상만은 모든 딴 현상과는 별도로 온통 인과율 지배 밖에 있는 이를테면 불연속의 "점" 현상일까?

시간은 영원의 그림자라든가. 가을이 가고 겨울이 오고 계절이 돌고 우리가 시간의 정거장을 많이 통과하면 할수록 그리해서 우리 인생의 봉우리가 훤히 내다보이면 보일수록 우리는 우리가 살고 있는 장소가 시간이란 말을 더욱 실감하게 된다.

식물적 음악감상론

매우 아름다운 자연을 찾아든 남녀가 오랫동안 점잖게 사귀어 온 끝에, 마침내 서로 사랑을 고백했다고 하자. 아마 그 남녀들은 그 순간 그들의 둘레의 그 경치의 아름다움을 길이 잊을 수가 없을 것이다. 그 후도 그들은 그와 흡사한 경치를 대할 때마다 그 때의 그 장면이 연상될 것이고, 가끔 되새겨지는 그러한 추억에 의해서 그들의 사랑은 길이 메마르지 않는 것이 될 것이다. 이를테면 '자연'이 그들에게 축복어린 선물을 보낸 셈이다.

이러한 '자연의 선물'이 차례 오는 남녀가 흔하다고 여겨지지는 않는다. 요새 '자연'을 그토록 사랑하는 선남선녀가 그리 많을 것인가? 허나 이와 비슷한 '음악의 선물'을 믿게 되는 남녀라면 제법 많을 것 같기도 하다. 세상에 음악을 싫어할 사람은 없을 것이니 말이다. 이왕에 어떤 음악과 그러한 개인적인 인연을 맺게 되기로 말한다면 같은 값이면 품위 있고 아름다운 일급의 음악과 그렇게 된다는 것이 바람직한 일이다. 어떤 남녀의 사랑이, 뒷골목을 어지럽히는 무슨 "비린내가 나는 항구"라든가, "수많은 밤을 울며 몸부림쳤다"든가, 또는 "울긴 왜 우느냐, 아니, 내 볼을 흐르는 것이 눈물인지? 빗물인지?" 하는 따위, 속기(俗氣)의 장성급인 유행가의 매개에 의해서 맺어진다면 그런 사랑의 점괘(占卦)의 길흉은 따져 보나 마나다. 가령 베토벤의 전원교향곡의 제 2악장쯤에 또는 하다못해, 차이코프스키쯤에라도 '사랑의 사연'이 얽혀 있는 경우와 비교해 보라. 역시 음악은 들어보면 들어볼수록 고급이라야 좋다는 생각이 든다. 물론 모든 종류의 음악이 다제 구실이 있는 것이겠지만, 허나 적어도 음악의 감상을 하나의 꾸준히 파고드는 진지한 취미, 또는 그 이상의 것으로 '섬기려'는 의욕이 있는 경우엔 그렇다. '자연'이건 음악이건 그것을 제대로 사랑한다는 것은 참으로 좋은 일이다. 무슨 보수를 바라서 그렇게 하는 것은 아니겠지만, 뭣이고 한 가지를 꾸준히 사랑한다면 거기엔 또 반드시 예기치 않았던 보람과 보수가 따르게 마련이다. 하지만 어떠한 취미이건 간에 그것을 제대로 사랑한다는 것이 얼마나 꾸준한 노력과 인내가 드는 어려운 일일까.

내가 음악에 매혹되어 음악을 찬미한 지도 세월로 따진다면 그럭저럭 25년가량은 되는 셈이다. 그동안 마음만으로는 나는 한 번도 음악을 배반해 본 적은 없다. 갈수록 음악의 매력과, 깊이에 넋 잃어온 셈이다. 음악에 대한 찬미를 하라면, 지금도 센티멘털

해지는 위험을 무릅쓰고라도 기를 쓰고 나서고 싶은 생각이 든다. 하기야 너무도 당연해서 하나마나한 소리가 아니냐고 반문해 온다면 할 말도 없다.

이왕에 말이 나왔으니 말이지, 음악이란 참 좋은 것이다. 직장에서 하루 종일 시달려서 온 심신이 폭삭 지쳐 집에 돌아와서 좋은 음악을 들으면 졸지에 피로가 확 풀리는 것은 아니지만 그 피로의 질이 그대로 결 고운, 그리고도 감미로운 피로로 전환되는 것이다. 슬픈 인생을 황홀한 인생이 되게 해 주는 중요한 일꾼이 바로 음악이 아닐까.

음악에 취한다고 하는 것은 또 말할 수 없는 쾌락이다. 그러면서도 음악은 우리의 심성을 정화시키는 것이 사실이다. 양수겸장인 셈이다. 괴테가 되도록 하루에 좋은 그림 몇 폭과 좋은 음악 몇 곡씩을 보고 듣고 싶다고 말한 것을 읽은 적이 있는데 정말로 동감이다. 처칠이 자기는 천국이 이 지상에서보다도 몇 배나 더 화려한 색채로 채워져 있기를 바란다고, 회화의 취미를 예찬하는 글에서 말한 적이 있지만 인간의 머리로서는 도저히 그려볼 수도 없는 천국을 상상해 볼 때에 그것은 곧 아름다운 음악과 같은 상태가 아닐까 하고 상상하는 이가 많은 것 같다. 철학가의 두뇌로써 명상해 봐도 아마 그런 결론이 나오는 모양이다.

음악에는 또 우리의 창조적 활동에의 표본이 될 만한 요소가 무궁무진하게 들어 있다. 인간창조의 신을 모방하려는 인간의 대담한 욕망이 딴 어떤 예술분야에서보다도 음악이라는 영역에 있어서 제일 화려하게 전개되고 또 제일 풍부한 수확을 거두어들이고 있는 것 같다. 바이올린 한 자루에서 여러 음악가들이 뽑아내는 그 무궁무진한 소리를, 피아노라고 하는 악기 하나에서 여러 천재들이 캐 놓은 그 별의별 가능성과 '시관'(詩觀)을 상상해 보자. 그 무수한 주옥같은 곡들을, 그리고 그 많은 독창성과 창조의 패턴을 생각해 보자. 나는 쇼팽의 피아노 음악을 들을 때 쇼팽 이전의 모든 피아노 음악과는 너무도 다른 체질적 차이를 발견하고는 놀란다. 바로 쇼팽 아니고서는 절대로 이룩할 수가 없는, 귀신이 곡할 지경의 독창성에 넋 잃는다. 부질없는 바람이긴 하지만, 나도 기왕에 시를 쓴답시고 붓대를 놀리고 있을 바엔, 쇼팽처럼 저렇게 오묘한 시를 쓸 수만 있다면 한이 없겠다 싶기도 하다. 지금 나는 문득 몇 소절 안 되는 쇼팽의 전주곡 제 4번을 연상해 본다.

나는 거리낌 없이 마구 음악을 찬미할 수 있는 나의 처지를 정말로 다행이라고 생각하지 않을 수 없다. 이 말은 내가 음악을 전문으로 삼는 음악가가 아니라는 뜻이다. 악기 하나 다룰 수 있는 것이 없다. 기분이 나면 한정된 몇 곡의 음악을 되풀이 들어보는 정도의 딜레땅뜨, 그것도 매우 제 멋에 겨운 일개 딜레땅뜨에 불과하지만 바로 그러한 점 때문에 음악이 내겐 도무지 아무런 부담을 주지 않는 것이다. 드러누워서 듣기도 하고 졸면서 듣기도 한다. 어떤 땐 또 제법 심각한 표정으로 열심히 귀 기울이기도

한다. 기분 나는 대로 행동할 따름이다. 조금이라도 내 취미와 맞지 않는 곳이 느껴지면 토스카니니건 후르트뱅글러건, 또는 기제킹이건 호로비쓰건 마치 나의 제자 다루듯이 일언지하에 재단(裁斷)해 버린다. 허지만 대개는 찬사다. '잘 했어! 신기(神技)로다! 브라보!' 이런 식으로 말이다.

전문적인 음악가라면 결코 이런 마음 편한 자세는 가질 수가 없을 것이다. 예술이 사람을 괴롭히는 그 '마성'(魔性)에 대해선 짐작이 가고도 남는다. 80여 개 되는 건반이 얼마나 많은 피아니스트들에게 신음과 절망과 고독을 안겨주었을까. 어느 이름난 화가한 분이, 이젠 캔버스를 대하면 꼭 무슨 악마와 실랑이 하는 것 같다고 한 말이 생각난다. 기실 우리에게 그렇게 많은 마음의 자양을 주는 그 많은 음악이, 많은 천재들의 살과 뼈를 깎는 노고와 싸움의 결실로서 태어난 것이 아니겠는가.

'식물적 음악감상', 나는 내가 음악을 즐기는 자세를 이런 말로써 생각해 볼 때가 있다. 식물은 스스로 움직이지 않는다. 고정된 자리에 묵묵히 틀어박혀서, 자기에게 차례 오는 모든 자양, 햇빛과 바람과 수분과 그 밖의 것을 빨아들이며, 그것으로써 만족할 따름이다. 전문가가 아닌 이상 나는 거의 능동적으로 음악을 찾아 움직여 본 적이 없다. 그렇게 할 의무는 없는 것이다. 몸이 닳을 필요 없이 나의 환경과, 우연한 기회가 가져다 주는 음악을 흡수하면 그만이다.

다행히도 내가 들어보지 못한 음악이 하늘의 별만큼이나 많다. 그래서 다만 어느 정도 신경의 안테나만 팽팽히 긴장시키고서 살아가노라면 문명의 혜택으로 해서 심심치 않게 새로운 '음악의 경이(驚異)'가 나의 시야 안에 뛰어 들어오는 것이다.

더위의 미학

　더위는 우리에게 많은 좋은 일을 한다. 더워야 벼가 잘 익는다든가 참외나 수박 맛이 더 난다든가 하는 얘기는 고사하고라도 더위는 평소에 얘깃거리가 없어 불편을 겪는 사람에게 좋은 화제를 준다.

　푹푹 찔 때 이것 정말 더워 못살겠다고 죽을상을 하며 더위의 수난을 호소할 때 그런 말은 대개의 사람의 공감을 얻게 마련이다. 그렇다고 해서 이런 말이 어느 개인을 헐뜯는 소리도 아니고 보면 화제로서 매우 편리하지 않을 수 없다. 적어도 혹서에 시달릴 때만은 인심은 이 공동의 수난 앞에서 결속의 미풍을 발휘한다.

　35~6도의 더위가 얼마나 가열한가 하는 것은 새삼 말할 필요도 없다. 바로 며칠 전에 겪어봐서 우리 모두 잘 알고 있으니 말이다. 그늘을 찾아 가만히 앉아 있어도 땀이 줄줄 흐르고 숨이 칵칵 막힌다. 온종일 이런 더위에 시달리고 나면 밤엔 머리를 되게

얻어맞은 듯 띵하다. 아니 이런 땐 밤이 되어도 조금도 신통할 게 없다. 온돌이 가열돼서 더워져 있다. 밤이 다 새도록 방안이 불도가니 같다.

이런 때 가령 '이놈의 더위가 왜 이리 극성인가' 하는 따위 염제(炎帝)에게 퍼붓는 욕설이 그 절정에 달하는 것이다. 허나 이때에 우리는 묘한 체험을 하게 된다. 욕설을 퍼붓건 말건 간에 이렇게 혹독하게 더위에 시달리는 것엔 그 밑바닥에 뭣인가 후련하고 속 시원한 쾌감이 따른다는 것을 느낀다. 이것 또한 오묘한 사물의 이치 아닌가.

자연계엔 소위 '물리'(物理)라는 게 있다. 이 물리를 우리는 자연계의 생리학이라 해도 좋을 것이다. 가령 기온이 내려가면 물은 얼어서 고체가 된다. 기온이 좀 오르면 물은 녹아 액체가 되어 졸졸 흐른다. 다시 온도가 오르면 물은 끓어 기체가 돼서 비등한다. 이게 물리다. 허나 우리의 정신현상도 넓은 의미에선 이런 물리의 대상에서 예외일 수는 없다고 여겨진다. 엄동에선 우리의 정신도 냉엄하게 얼어붙는다. 봄이 되어 따뜻한 바람이 불면 우리의 정신도 녹아서 졸졸 흐르는 시냇물 따라 행복한 꿈을 꾼다. 작열하는 태양의 계절이 되면 우리의 육신과 영혼이 더불어 타며 끓는다. 생각해 보면 이것은 매우 귀중한 체험이다. 본시 우리 생명은 불이기 때문이다. 반면에 죽음은 얼음이다. 몸과 마음이 불탈 때 우리는 우리 생명의 비밀을 조금 들여다보는 것 같은 실감을 하게 된다. 이런 때엔 더욱 고흐라든가 고갱이라든가 하는 후기 인상파 화가들의 그 극적인 (차라리 비극적이겠지만) 생애와 작품이 더욱 친근하게 우리 마음에 호소해 온다.

한마디로 이들은 타는 태양을 탄주(彈奏)한 여름의 천재들이다. 거꾸로 염천(炎天)을 휘어잡아 그들의 예술에 시중들게 한 거인들 이다. 그들이 그렇게 할 수 있었던 것은 그들의 심령이 여름의 불 꽃 이상으로 훨씬 더 강렬하게 타고 있었기 때문이다.

땀을 비 오듯 흘리며 숨 허덕이며 더위에 시달린다는 체험엔 무엇인가 순수한 맛이 있다. 이런 순수, 가열한 체험은 일상생활 에서 그리 쉽게 느낄 수 없는 것이다. 염제의 무자비한 매엔 무엇 인가 솔직한 게 있어 좋다. 더위를 더위로 받아들여 그것을 우리 심령의 경험과 결부시킬 때 더위의 미학(美學)이 나온다. 옛날 불 가에선 더울 때일수록 추운 것을 생각하는 참선 관법으로 더위를 물리쳤다던가. 이것 역시 더위의 미학에서 나온 한 토막의 궁리 가 아닐 수 없다.

우리 모두 '너무 더워서 죽겠다'고 우는 소리를 하지를 말자. 아무리 더위가 못 견디겠어도 그 예봉이 고작 2주면 가버린다. 이 윽고 맑은 벌레소리에 실려 찬바람이 불어올 때 우리는 제행무상 의 느낌과 더불어 가열했던 여름을 그리워할 것이다. (1972. 8)

나태의 쾌락

낚시나 등산은 좋은 취미다. 내가 낚시나 등산을 즐기고 있는 것은 아니지만 그런 정도는 짐작이 간다. 낚시를 하는 친구를 만나면 낚시예찬이 끝이 없다. 낚시도 그 오묘한 경지까지 가려면 한두 해의 수련으로는 어림도 없는 모양이다. 낚시를 설명할 때 선(禪)이니 삼매경이니 하는 말이 나오는 것만 봐도 알 수 있다. 등산의 경지 또한 그럴 것이다.

우리는 보통 낚시나 등산을 쾌락이란 말로 표현하지 않는다. 낚시하는 사람보고 좋은 쾌락을 누린다고 하면 실례가 된다. 어디까지나 취미라고 점잖게 말해 줘야 한다.

그 이유는 아마 쾌락이란 말이 우선 관능적인 기쁨을 가리키고 있고 따라서 범죄까지는 아니더라도 적어도 도덕적인 죄악을 연상시키는 면이 있기 때문일 것이다. 따라서 이 말이 점잖은 체면 앞에서 함부로 휘두를 말은 못 된다.

술과 여색을 즐기는 것을 취미라고 담백하게 넘겨버릴 사람은 별로 많지 않을 것이다. 이런 것은 어디까지나 쾌락이다. 술과 여자나 도박 따위를 지나치게 즐기면 그 결과가 길하지 못하다는 것은 또한 우리 일상에서 보는 바와 같다. 여하튼 쾌락이란 말에는 우리가 일상생활에서 인사 대신으로 쓰기엔 좀 거북한 면이 있다.

허나 따지고 보면 쾌락을 겸하지 않은 취미란 또한 없는 것이다. 쾌락이란 말을 즐긴다는 뜻으로 풀이해 보면 말이다. 어떤 취미가 즐거우면 즐거울수록 그것은 그만큼 짙은 쾌락이 아니겠는가. 말의 낌새란 참 묘하다.

언제부터인가 나는 누가 나에게 "취미가 뭡니까?" 하고 물으면, 그리고 정색을 해서 대답할 필요가 없을 때엔 (물론 나에게도 고상하고 어엿한 취미가 몇 가지 있긴 있다) "게으름 피우는 일입니다" 하고 대답을 해 왔다. 그러면 "허, 것 참 좋은 취미입니다" 하는 반응과 더불어 가벼운 웃음이 터지게 마련이다.

내가 농담반 진담반으로 하는 이 말이 기실 나와 아무런 인연이 없는 것은 아니다. 언제부터인가 나도 게으름을 피우는 일을 하나의 객관적인 행위로, 한편 고찰하고, 한편 향수(享受)하는 일을 해 왔다. 말하자면 나태의 쾌락에 약간의 논리적 구조를 부여한 것이다.

나태의 쾌락. 그렇다. 이것은 어디까지나 한 쾌락이지 취미란 말로는 약해서 안 된다. 쾌락 치고도 매우 농도가 짙은 쾌락이다. 가령 오늘은 모처럼의 휴일이라고 하자. 일요일이 아닌 무슨 딴 일로 해서 차례 오는 휴일이면 더욱 좋다. 등산 가자고 하는 끈질긴 유혹을 요리조리 잘 피해냈다. 따라서 오늘은 내가 '솔로'로 마음대로 요리할 수 있는 하루이다. 오오. 얼마만이냐. 다시 찾아온 이 절대자유, 절대고독의 시간. 물론 이 나태의 쾌락은 그 '룰' 이 따로 있는 것은 아니다. 누구나 자기 멋대로 하면 그만이다.

나의 경우 대개 머리를 쓸 필요가 없고 동시에 즐거움이 있는 일로부터 시작이 된다. 좋은 음악프로 방송이 있으면 그것도 좋다. 아니면 추사 글씨를 스크랩해둔 것을 되풀이 뒤적인다. 그러다간 과실이 때가 되어 무르익어 떨어지듯 옆으로 쓰러진다. 온돌의 온도는 물론 쾌적이다(연탄의 은혜가 크다). 어떤 땐 몸을 쭈욱 뻗어보기도 한다. 또 어떤 땐 새우처럼 몸을 쪼그려보기도 한다. 눈이 스르르 감긴다.

지금까지 헉헉하며 무리하게 뛸 수밖에 없었던 심신이 일시에 긴장에서 해방된다. 그러면 때가 왔다는 듯 온 몸의 뼈마디가 새끈새끈 쑤시기 시작한다(지금 이 순간까진 뼈마디가 쑤셔올 겨를도 없었다). 온 몸의 온 세포가 나른하게 졸기 시작한다. 이때 또 나의 정신은 이런 순간의 특징을 관찰, 음미, 보호한다. 정신은 말한다. '안심하자. 지금부터 몇 시간 안엔 너, 육체가 뛸 의무가 없느니라' 하고.

새끈거리는 뼈마디, 감미로운 피로. 이런 것이 미묘하게 배합된 평안의 심연. 그 심연 속에 나는 빠져든다. 고달픈 이승에서 이런 망각의 순간이 차례오다니! 오오. 그 감미로움! 그 한숨 섞인 짙은 감미로움! 슬프고도 황홀한 인생을 만끽할 수 있는 시간. 이윽고 내 앞에는 슈르 풍(風)의 풍경이 전개된다. 내가 지금 붕 떠 있는 곳은 어느 이름 모를 열대의 풍경인가보다. 어디서 본 듯도 싶은 앙리 루소의 그림에서 봤던가? 아니면 고갱의 그림에서? 하여간 이름 모를 식물이 우거지고, 파파야 열매가 주렁주렁 매달려 있고 사슴 기린 등 물지 않는 맹수 따위가 정답게 와서 머문다. 아니면 또 춥지 않은 극지(極地). 끝없는 눈. 중천에 옴낫 않고 걸려 있는 태양. 오로라. 그리고 우수수 쏟아지는 별들…… 이런 속에서 나는 나의 육체의 중력을 잃은 채 무한 방황하는 것이다. 이 짙은 주홍의 쾌락. 그 어떤 쾌락이 네 앞에 무릎 꿇고, 너 나태를 쾌락의 제왕이라 칭송하지 않으리오.

나태의 쾌락에는 딴 어떤 쾌락의 추종도 불허하는 이점이 몇 가지 있다. 첫째는 그 으뜸가는 경제성이다. 딴 쾌락을 누릴 때 드는 비용을 생각해 보라. 골프 하는 데 돈이 얼마나 드는가. 낚시 가는 데도 적지 않은 비용이 든다. 술 마시는 데, 마작 하는 데, 밑천 없이 그런 것들이 가능한가. 허나 나태의 쾌락은 단 한 푼의 비용도 필요 없다. 둘째로는 이 쾌락은 때만 만나면 일 년 사시사철 어느 때고 누릴 수가 있다는 점이다. 여름에는 여름의 나태가 있고 겨울엔 겨울의 나태가 있다.

허나 뭣보다도 나태의 쾌락의 으뜸가는 장점은 그것이 때론 희한한 영감의 원천이 될 수 있다는 점이리라. 나태의 쾌락이 펼쳐주는 슈르 풍의 풍경에 대해서는 방금 묘사를 시도해 본 바 있지만 (그 1천 분의 1도 못 된다), 거기에 열리는 별 중에는 간혹 기가 막힌, 천금의 값어치가 있는 영감의 별이 섞이는 수가 있다. 그 별을 말로 바꿔놓으면 영묘한 시가 된다. 악보로 바꿔놓으면 보석 같은 쇼팽의 악구가 된다. 역설적으로 말해서 나태는 예술의 영감의 원천이라 할 수 있다. 아니 예술뿐만 아니라 발명가의 영감의 원천일 수도 있다. 나태가 바로 영감의 원천이라고 말한 것은 내가 기억하기로는 분명 '장 콕토'다. 과연 '장 콕토'는 쓸 만한 예술가다.

나태의 쾌락을 간단히 소개했는데 이 글이 국민의 도의심을 타락시키지 않을까 하고 염려하는 우국지사가 있을는지 모르겠다. 허나 그것은 기우(杞憂)이리라. 왜냐하면 애써 일하는 사람이 아니고서는 나태가 쾌락의 요건을 갖추지 못하기 때문이다. 나태의 쾌락이야말로 늘 고달프고, 선량하고 가난한 서민의 특권이다.

신앙의 정계(正界)와 부계(負界)

고대 희랍의 어느 철학자가 '만물은 흐른다'고 말했다. 이어 연상되는 것이 동양의 '제행무상'이란 말이다. 이런 말들의 그 깊은 뜻을 내가 어찌 어느 정도나마 헤아릴 수 있겠는가마는 삶의 바다를 헤쳐 나갈 때 또 뉘라서 이런 말들을 깊은 감회와 더불어 중얼거려 보지 않을 수 있으랴. 하기는 변하지 아니하는 것도 우리가 생각할 수 없는 것은 아니다. 가령 '만물은 다 변한다'고 하는 그 사실은 생성계가 끝나는 그때까지 불변의 원리로 있는 것이다. 또 이 우주를 관통하는 어떤 진리가 있다면 (우리는 그것이 꼭 있으리라는 것을 거의, 한 절대적인 가정처럼 믿고 있지만) 그 진리 자체는 영원토록 변할 리 없다. 변한다면 이미 영원한 진리일 수가 없기 때문이다.

허나 우리네 범인에게는 이런 추상적인 논리의 연습이 자칫하면 마치 그지없이 아름답고 매혹적이면서도 동시에 그만큼 싸늘

하게 느껴지는 먼 별처럼 핏기 없는 존재가 되기 쉽다.

우리가 몸담고 있는 시공(時空), 감각을 통해서 느낄 수 있는 이 생성계의 뭇 현상은 예외 없이 변화의 흐름을 탄다. 10년이면 강산도 변한다고 하듯이 자연계도 유전하고 자연의 품안에서 사는 온 생물도 그렇다. 종이 한 번 울려 한 사람의 생명이 탄생하면 어느덧 종이 또 한 번 울려 배필을 맞게 되고 더욱 급행열차가 되어 가는 시간의 어느 정거장에서 세 번째로 마지막 종이 울리면 묘비명만이 흘러간 한 생명을 쓸쓸히 지킨다.

변한다는 것은 기실 우리 인간의 특권이자 숙명이다. 변하는 우리 인간 중에서도 특히 변화무쌍한 것이 우리 인간의 마음이 아닌가 싶다. 인간의 마음을 뜻하는 한자의 하나인 '염'(念)자를 뜯어보면 바로 '금심'(今心) 곧 지금의 마음이란 뜻이 된다는 말을 들었다. 참으로 의미심장하다. 지금의 마음이 마음이라면 지금의 마음은 지금의 마음 아닌 마음과 구별된다는 뜻이겠으나 오죽 마음의 변모가 무상하면 마음이 이런 표현을 빌었겠는가.

우리의 마음이 변한다는 것은 바로 우리가 살아 있다는 증거다. 마음은 자기 뜻에 의해서도 변하고 남의 뜻에 의해서도 변한다. 거울에 비유할 수도 있는 마음은 거울 스스로가 변하는 동시에 거울에 비치는 뭇 그림자에 의해서도 변하는 것이다. 우리의 마음이 변한다는 것은 곧 우리의 희망이자 두려움이다. 변화에는 방향이 있고 방향에는 따지고 보면 상승 아니면 하강의 양자 중

하나가 있을 수밖에 없기 때문이다.

우리의 신앙도 이 테두리에서 벗어날 수는 없다. 태중교우이건 아니건 간에 영세 이후 자기의 신앙의 도정(道程)을 가만히 들여다보라. 언제나 상승 아니면 하강, 둘 중의 하나다.

남에게 베풀어 줄 수가 있는 사람, 근면하고 부유한 사람이 속하는 세계를 수학에서는 정수(正數)의 세계라고 말하고 남에게 도움을 받아야 하는 사람, 따라서 남에게 늘 부채를 짊어지고 있는 사람이 소속해 있는 세계를 부수(負數)의 세계라고 말한다. 이 정수의 세계와 부수의 세계는 또 하나의 신비의 수인 '영'(零)을 매개로 해서 이어져 있다. 나는 흔히 신앙의 상태 또는 좌표도 이 '정계'와 '부계'로 나누어서 생각해 볼 때가 있다.

능동적인 자세로 신앙생활을 하는 사람, 이웃 사람에 대해서 무관심하지 않은 사람, 이웃을 시샘하기보다는 이웃을 사랑하는 마음이 더 한 사람은 그 신앙이 정계에 올라 있는 사람이리라. 세상 사람들이 무서워서 벌벌 떨고 있을 때 죽음의 두려움을 무릅쓰고 옳은 말을 하는 의인의 신앙은 정계의 높은 곳에 올라 있는 것이리라. 어두움을 빛으로써 조금이라도 밝히는 사람도 그러하리라. 게으름을 몰아내서 끊임없이 일하는 사람도 역시 그러하리라. 그러나 신앙이 짐스럽게 여겨지는 사람 피동적인 자세로 신앙을 받아들이는 사람은 아직도 신앙의 부계에 머물러 있는 사람이 아닐 수 없다.

부계의 심연에서 허덕이는 신앙인인들 어찌 없을 것인가. 허나 또 하나 딱한 것은 영세한 지가 십 년이 가까우면서도 늘 정계와 부계의 경계선에서 그저 끊임없이 부침만 하는 경우다. 나는 요새 와선 다만 '주여 내 안에 주를 모시기에 당치 못하오나 한 말씀만 하소서 내 영혼이 곧 나으리이다' 하는 심정으로 딱하게 그러나 끈기 있게 신앙을 붙들고 늘어질 뿐이다. 언젠가는 신앙의 부계를 청산할 때도 있으려니 하는 상승에의 희망을 안고…….(1975. 3)

위선(僞善)과 위악(僞惡)

요새 『신으로부터의 도주(逃走)』라는 책을 읽고 있다. 저자는 막스 피카드(Max Picard)라는 스위스의 철학자이고 이 책이 처음 나온 해는 1934년으로 돼 있다. 철학에 대해서 문외한인 나는 이 철학자에 대해선 이 이상 아는 바가 없다.

다만 이 저자가 이 책에서 풍기는 것은 시적 통찰력과 예언자적인 풍모로 해서 이 저자는 세인의 화려한 각광과는 인연이 먼 '침묵의 세계'에 침잠해 들어가는 사상가가 아닌가 하고 상상해 볼 뿐이다(이 저자의 많은 저서 중에는 『침묵의 세계』도 있다).

어쨌거나 막스 피카드에 의하면 현대는 한마디로 도주의 시대(물론 신으로부터의 도주)라는 것이다. 과거에는 '신앙이 보편적인 것으로서 개인에 앞서서 존재'했었다. 그러나 오늘날에는 과거에 신앙이 차지하고 있던 그 보편적인 위치에 '도주'라고 하는 거대한 조직이 들어서 있기 때문에, 객관적인 외부 세계로서의 신앙의 세계는 파괴돼 버렸다. 따라서 개개인은 도주의 세계로부터 해방되려는 시시각각의 결단에 의해서 신앙을 자기 스스로 다시 만들어 갖지 않으면 안 된다는 것이다.

가령 지나간 시대에서 서로 모르는 두 사람이 만났다고 하자. 그러면 이 두 사람은 즉시 마치 형제처럼 친밀해질 수가 있다. 왜냐하면 이 사람들의 배후에는 신앙 곧 사랑이 널리 퍼져 있으며 이것이 이들을 맺게 해 주기 때문이다. 그러나 오늘날에는 서로 모르는 사람이 만나면 보편화된 도주현상 때문에 상호간에 불신과 냉대가 오갈 뿐이다.

오늘날은 말하자면 '용서가 있어야 할 곳에 다툼이, 일치가 있어야 할 곳에 분열이, 신앙이 있어야 할 곳에 의혹이' 도사리고 있는 시대라고 말할 수가 있다. 일체의 가치의 기준도 과거와는 정반대의 방향으로 전도(顚倒)돼 있다. 오늘날 이 여건으로 해서 참된 신앙을 갖는다는 것이 무척 힘이 드는 일임을 짐작할 수가 있다.

위선 또는 위선자란 말은 요새는 전과 같이 자주 쓰이지는 않는다. 악이 거의 보편화 하다시피 한 오늘날엔 아무도 위선을 가장할 필요가 없게 된 때문일 것이다. 위선이란 말이 존재한다는 것 자체가, 선이 지배해야 한다는 것을 전제로 함을 의미한다. 그러한 사회에선 선하지 못한 사람이 생존의 수단, 또는 허영으로서 위선을 택하게 되는 것이리라.

오늘날엔 악덕한 수단으로 큰돈을 번다거나 권력을 잡는다거나 하는 일이 오히려 악덕이 아닌 미덕으로, 잘난 사람만이 할 수 있는 성공으로 선망의 대상이 되기 때문에 아무도 악의 노출을 부끄러워할 필요가 없는 지경이 돼 버린 것이다.

오히려 현대는 살아나가기 위해서는 적당한 정도의 위악(실은 이 말이 아직은 사전에 나오지 않고 있다)이 강요되는 시대가 아닌가 싶다. 악이 버젓이 행세하는 사회에서 자기만이 따돌림을 당하지 않기 위해서 본의 아니게 악을 가장하곤 (농담 한마디라도) 그것 때문에 고해성사를 봐야만 하는, 선량하긴 하지만 마음이 약한 사람이 그리 많지 않다고 단언할 수 있을까?

위선이건 위악이건 간에 이러한 심리적인 부담에서 초연하기 위해서는 우선 꿋꿋하면서도 탄력 있는 개성과 의지부터 갖고 볼 일이라고 생각해 본다.

14처 묵주 고상

되도록 사실적으로 '14처 묵주 고상'을 스케치해 보았다. 그림 솜씨가 시원찮아 도저히 실물의 느낌을 나타냈다고 볼 수가 없다. 할 수 없이 몇 마디 말씀을 더 보태서 이 '묵주 고상'에 대한 설명을 해야 하겠다.

큰 묵주알은 열 개이며 단단한 나무로 되어있다. 크기는 웬만한 호두알만하다. 사이사이에 같은 목질로 된, 녹두알만한 알이 들어 있다. 고상의 길이는 약 10센티 정도여서 전체의 길이는 50센티쯤 된다. 따라서 일종의 묵주라고는 하지만 도저히 손에 들고 묵주기도를 할 수 있는 물건은 아니고 어디까지나 벽에 걸어 놓고 바라보면서 기도를 할 수 있는 그러한 묵주다. 십자고상 바로 위에는 '기적의 성모님' 메달이 달려 있다. 그러나 무엇보다도 이 묵주의 특징은 예수님 고상에 있다 하겠다. 나무판 위에 정교하게 부조된 금속판이 부착되어 있는데, 십자가에 매달리신 예수님

둘레에 예수님이 수난하시는 '14처'가 역력히 조각되어 있는 것이다. 반들반들한 나무 묵주알은 나무 특유의 윤을 내고 있고 이 윤이 금속판이 내는 금속성의 반짝임과 어우러져 전체적으로 묵직하고 깊숙한 분위기를 자아내고 있다.

이 '14처 묵주 고상'은 두 분의 정성이 모인 합작품이다. 원래 이 고상은 정일우 신부님 소유였는데, 나의 처형 노엘 수녀님이 하도 마음에 들어서 그것을 양도 받아 (어떠한 말씀으로 양도 받았는지는 알 수 없다) 거기에다 이 큼직한 묵주알을 연결하여, 보는 바와 같은 독특한 작품을 만들어낸 것이라 한다. 정일우 신부님은 원래 미국인으로 한국에 오신 초창기에는 극빈자 사목을 하다가 (이 때 노엘 수녀님도 정 신부님과 고락을 함께 했다) 요즈음에는 충북 괴산에서 유기농법으로 농사를 지으신다고 하며, 알 만한 사람은 다 알고 있는 터이다.

노엘 수녀님은 그렇게 해서 만든 이 14처 묵주 고상 앞에서 기도를 해 보니, 잠심이 잘되어 마음이 흡족하던 차에 문득 동생 내외인 우리 (나와 나의 아내) 생각이 나서, 그 소중한 것을 가지고 와서 우리에게 다시 넘긴 것이다. 우리 집에 그것을 내놓으며, 이 묵주 고상이 '고독하고 슬플 때, 고통과 아픔을 기도로 승화시켜야 할 때 특히 효험이 있더라'는 말씀을 하셨다. 마땅히 그럴 것이다. 두 분 수도자 성직자의 얼과 기도가 스민 성물이니, 정성 들여 기도하면 도와주시지 않을 리가 있겠는가. 나는 수녀님께 깊이

2001.1.16
성찬경

감사하는 마음으로 10여 년 동안 이것을 소중히 간직하고 있다.

그런데 문제는 여기에서 끝나는 게 아니다. 나는 이 14처 묵주 고상을 귀한 물건으로 간직만 하고 있을 뿐, 아직도 그 앞에서 정성들여 기도를 해 본 적이 없다. 수녀님이 이 사실을 알면 얼마나 서운해 하실까. 안 되겠다. 오늘부터라도 꼭 이 고상 앞에서 정성 어린 기도를 바치도록 해야겠다.(2001. 2)

꿈 이야기 기타

영국의 수필가 프리스틀리의 글에 꿈에 관한 것이 있다. 남들은 숙면을 방해한다고 해서 꿈을 꺼려하지만, 자기는 꿈을 꾸는 일처럼 즐거운 것이 없다는 얘기이다. 꿈은 홀연 우리를 신비의 나라로 실어다준다. 큼직한 여행가방도 꿈에서는 도무지 무겁지가 않다. 꿈에서는 비행기의 이륙이 환상적이리만큼 부드럽다. 그야말로 나는 듯이 어느새 하늘에 떠있는 것이다. 이러니 꿈은 우리에게 마련된 (지도상에는 없는) 또 하나의 희한한 대륙이 아니겠느냐는 것이다.

프리스틀리의 이 글을 읽고, 나도 상당한 흥미와 공감을 느꼈다. 동양 사람의 경우처럼 꿈을 무슨 길몽이다 흉몽이다 해서 해석하고자 하는 심리와 결부시키는 것이 아니라, 꿈을 그저 우리에게 주어진 한 현상, 또는 사실로서 전연 다른 차원에서 담담히 받아들이고, 그것을 즐기고, 그럼으로써 우리의 삶과 내용을 그만큼 넓히려는 의도는 가히 하나의 작은 발견이라 할 수가 있겠다.

그 후로 나도 프리스틀리 풍으로 제법 꿈을 즐기게 된 게 사실이다. 천국을 연상케 하는 풍경을 보면 (그런 적도 있다) 그래서 좋고, 뒤숭숭한 장면을 보면 마치 '슈르' 풍의 그림을 보는 듯해서 — 제 아무리 살바도르 달리라 해도 실지의 꿈을 따를 수는 없다 — 그런대로 재미가 있다. 나의 방안이 어느덧 카프카의 소설에 나올 법한 음산한 곳으로 변모해 있고, 나는 그 속에서 영원한 미아다. 그 기상천외하고 환상적인 효과는 텔레비전에서 보는 스릴러 따위와는 비교를 절한다.

사람은 원래 미신적인 동물이라고 한다. 나도 한때는 토정비결도 보고, 관상도 보고, 또 어머님께 부탁드려 점쟁이를 찾게 한 적도 있었다. 허나 그런 것에 일루의 희망을 걸며 용열하게 살아나갈수록 운명의 모진 방망이에 더욱 세게 얻어맞기만 하던 어느 땐가부터 일체의 그런 일들과는 인연을 끊었다. 담배는 아직도 못 끊고 있지만, 점보는 일만은 보기 좋게 끊어버렸다.

그런 지가 한 십오륙 년은 되나보다. 그러고 나니 그렇게 마음이 개운하고 홀가분할 수가 없다. 가령, 어느 어느 점쟁이는 신묘하게 맞춘다고 화제가 되는 수가 있다. 그런데 생각해 보면 점이 잘 맞아 들어가면 문제는 심상치 않은 것이다. 점에서 재미를 보면, 점의 굴레에서 벗어날 수가 없을 것이고, 그렇게 되면 점점

점괘에 예속되는 인생이 되고 만다.

그것은 마치 나의 삶을 점쟁이에게 대신 살아달라고 맡기는 꼴이나 다름이 없다. 신성(神聖)하다 할 수 있는 나의 타고난 자유, 나의 주관, 요새 흔히 쓰이고 있는 말인 나의 주체성은 온데간데 없어지고 나는 한낱 점괘의 괴뢰(傀儡)로 전락하고 마는 것이 아닐까?

스위스의 철인 관상학자(觀相學者)인 막스 피카드의 글을 보면 점괘를 신뢰하는 심리가 있는 사람일수록 그런 사람의 과거와 미래를 맞추기가 쉽다고 한다.

우리가 시간을 헤치며 살아나가는 재미는, 미래는 우리가 전연 예기치 못한 일들을 시시각각 우리에게 전개해 준다는 데에 있지 않을까. 미래의 승패를 미리 알아버린다면 삶의 즐거움이 반감되지 않을 수가 없다.

아침에 잠에서(죽음의 연습에서) 깨어난다. 자아 오늘은 또 무슨 일이 올 것인가. 누구를 만나게 될 것인가.(1978. 3)

건강의 인과율(因果律)

한 달쯤 전부터 이가 아프기 시작해서 결국엔 못 쓰게 된 아래위 어금니 두 개를 모두 빼야만 했다. 덕택에 오랜만에 심한 아픔을 다시 경험한 셈이다.

치통은 극히 축복받은 사람들 외엔 대개의 사람들이 경험하게 되는 일이다. 새삼 설명할 것도 없이 때론 격렬한 아픔이, 때론 둔한 통증이 지속된다. 그 바람에 머리까지 아파진다. 아픈 이가 마음에 걸려서 도무지 일이 손에 잡히지를 않는다.

의사는 풍치라는 진단을 내렸다. 염증이 가라앉을 때까지 기다려야지 당장 뺄 수도 없다는 것이다. 진통제를 먹는 데도 한계가 있다. 아프도록 돼 있는 곳 통증을 마치 칠판에 써놓은 글씨를 쓱 지우듯이 잠시나마 없애버리는 것은 신기한 일이기는 하지만 일종의 속임수를 쓰는 것 같아서 꺼림칙하다. 지속되는 아픔을 그대로 받아들이고, 그것을 직시하고, 아픔에 대해서 생각해 보고 할 수밖에 없다. 말하자면 아픔을 통해서 잠시 '철학가'가 되는 것이다. 아니면 이젠 별 도리가 없으니까 아픔을 데리고 놀아보는 것이다.

요놈의 아픔이 대체 어떠한 것일까? 하고 아픔을 관찰하기 시작하면, 내 몸 안에 있는 아픔이 잠시 나를 벗어나서 한 객관적인 대상이 된다.

아픔이 심하면 관찰하기가 좋다. 아픔이 흐려지면 관찰하기가 불편하다. 이와 같이 해서 아픔을 요리조리 살펴보고 '만져보고' 하는 동안엔, 분명 아픔을 잊게 되는 신기한 효과가 있는 것이다.

자학적인 취미인지는 모르겠으나, 이러한 과정엔 야릇한 쾌감 같은 것이 따르는 것도 사실이다. 그리고 몇 가지의 작은 발견 같은 것을 하게 된다.

아픔은 정직하다는 것이 그 중의 하나다. 우리의 몸이 어딘지 못쓰게 돼가고 있을 때, 썩어가고 있을 때, 바로 그 곳이 아파진다. 아픔은 또 우리로 하여금 우리의 육체에 대한 자각을 새롭게 해 준다. 잊혀지기 쉬운 우리의 '자아'에로 우리의 의식의 방향을 돌려준다. 아픔은 우리 몸과 마음 안에 고여 있는 여러 가지 부패 요소의 인과적인 총합이라 할 수가 있을 것이다.

피 고름에 싸여 우람스런 표정을 하고 쓰레기통 속으로 사라진 어금니를 보고, 나는 내 마음에 고여 온 썩는 요소를 보는 듯해서, 차라리 없어진 이(齒)에 대한 미련을 깨끗이 버렸다.

건강은 그 자체가 좋은 것이다. 선에 속하리라. 물론 행복의 첫째 조건은 건강이다. 또 건강 없이는 하는 일의 성공을 기대하기도 어렵다. 그래서 건강이 좋은 것이기도 하지만, 이러한 효용적인 면을 떠나서도 건강 바로 그것이 귀중한 것이다. 반면에 병은 불행이요 악이라 할 수가 있을 것이다. 아무래도 몸과 마음에 바르지 못한 요소들이 고여서 병이 되는 것이리라. 몸에 병이 생긴다는 일은 엄밀하게 말해서 역시 부끄러운 일이 아닌가 싶다.

이러한 반문이 나올는지 모르겠다. '그렇다면 어찌해서 착한 사람이 암에 걸리고, 재능 있는 젊은이가 꿈을 피워보지도 못한 채 아까운 나이에 죽어 가는가?' 하는. 하기야 인생 제반사에 있어서의 섭리의 뜻의 깊이를 우리가 어찌 다 헤아릴 수가 있겠는가마는, 그러한 경우에도 역시 병과 악과의 넓은 의미에서의 인과관계는 성립이 되는 게 아닌가 하는 짐작이 간다.

원래 인간은 사회적 동물이 아니겠는가. 어떠한 사람도 완전히 고립해서 살 수는 없다. 나의 마음가짐은 그것이 곧 사회의 마음가짐의 일부다. 타인의 선행은 곧 나의 선행의 일부다. 나의 병도 나만의 병은 아니다. 나의 건강은 곧 남의 건강이기도 하다. 이 사회의 누군가가 저지른 허물을 선인이 대신 떠맡아서 앓고 있는 것인지도 모른다. 내가 지금 덕을 쌓으면 나의 먼 후손이 그 혜택을 입게 되는지도 모른다. 사회 전체가 너무 물욕에만 정신이 팔려 그 바람에 환경이 오염되고, 그 때문에 어떤 선인이 대신 죄를 짊어지고 암에 쓰러지는 것인지도 모른다.

이렇게 생각할 때, 너 나 할 것 없이 누구나가 조금이라도 바르게, 착하게 살아나가려고 힘쓸 때, 사회 전체의 건강과 명랑한 분위기도 이룩되는 것이 아닐까 하는 생각이 드는 것이다.(1978. 11)

순수 또는 그 자체

얼마 전에 학생들이 모인 자리에서 "우리는 왜 건강해야 하는 가" 하고 질문한 적이 있다. 대부분의 학생들이, 건강해야 공부에 열중할 수 있으니까, 또는 일을 잘 할 수 있으니까, 건강해야 돈을 잘 벌 수 있으니까 하는 식으로 대답을 했다. 물론 건강해야 매사를 잘 할 수 있다는 것은 엄연한 사실이며, 따라서 이러한 말이 조금도 틀린 생각은 아니다. 그러나 어딘가 모르게 사물을 대하고 사고하는 자세에서 아쉬움을 남게 한다.

그래서 나는 "우리가 건강해야 하는 까닭은 건강해야 무슨 활동이고 잘 할 수 있다는 따위의 모든 이유에 앞서서 건강 그것 자체가 좋은 것이기 때문에 그렇다"고 말했다. 순간 학생들의 반응이 시원찮아 목소리에 힘을 주어 부연설명을 했다.

이유야 어떻든 건강한 상태에 비해서 앓는 상태는 그것만 가지고도 악이요, 해독이다. 반면에 건강은 그것 자체가 선한 것이다.

비록 건강 그 자체에서 우리가 얻는 것이 별로 없을 때라 하더라도 건강을 지키려고 노력해야 한다. 건강은 수단이 아니고 목적이며, 건강은 좋은 것이니까.

매사를 이해득실과 결부시켜서 따지는 일이 이 시대의 사고(思考) 유형의 특징인 것 같다. 말하자면 어느 것이나 존재의 차원에서 생각하기보다는 소유의 차원에서 생각하는 것이다. 이럴수록 진리의 삶에서 멀어진다. 오늘날의 저 끔찍한 공해와 자연파괴는 이런 데서 오는 필연적인 결과다.

무엇이든지 동기가 선하면 결과도 선하게 마련이다. 건강 그것 자체가 좋은 것이기 때문에 건강한 상태에 머물러 있는 사람은 우리 모두가 알고 있는 바와 같이 일일이 열거할 수도 없을 정도의 복과 혜택을 누린다. 반면에 질병은 그것 자체가 악이요 해로운 것이기 때문에 우리에게 그만큼의 비참함과 슬픔을 가져다 준다. 결과가 이처럼 두드러지기 때문에 결과만을 따지게 되는 것도 무리는 아닐는지 모르나 그렇더라도 본말(本末)을 뒤집어 놓을 필요는 없다. 가능한 한 궁극의 원인에로, 근원적인 원리에로 더듬어 올라가는 것이 좋을 것이다.

몇 해 전에 문단에서 '순수시'와 '참여시'의 문제가 활발히 논의된 일이 있었다. 지금에 와서는 대체로 이 두 가지가 시로 상호보완적인 관계에 있다는 것이 드러난 셈이지만, 어쨌든 간에 현대는 '순수 기피증'에 걸린 시대가 아닌가 하는 생각이 든다.

그러나 ‘순수’란 말을 덮어놓고 기피할 일만은 아니다.

‘순수’란 무엇이고 간에 그 자체, 그것 자체를 위한다는 말과 동의어가 아닌가 한다. 우선 시 자체가 갖는 자율적인 본질과 기능을 생각해 보면 순수시가 되는 것이고 시에서 시 말고도 역사라든가 사회라든가 하는 다른 요소를 더 중요하게 생각하면 참여시가 되는 것이다. 순수건 참여건 이것이 유행하는 시기는 상황 따라 다르지만, 어떠한 상황에서도 순수 쪽을 무시해서는 좋을 리가 없다.

언젠가 어느 수사 한 분이 나에게, 어느 경우이건 ‘그 자체’란 말은 바로 하느님께로 통하는 것이기 때문에 이 말은 조심해서 써야 한다고 말한 적이 있다. 나는 마음속으로부터 공감했다. 정말 그렇다. ‘사랑 자체’가 바로 하느님이시며 ‘진(眞) 그 자체, 선(善) 그 자체, 미(美) 그 자체’가 바로 하느님의 대명사일 것이기 때문에.

우리가 하느님을 믿는 까닭이 바로 여기에 있다. 하느님은 모든 것의 근원이시기 때문에 하느님을 믿는 것이다. 하느님을 믿는 일이 달건 쓰건, 즐겁건 괴롭건 간에 그것은 상관할 바가 아니다. 하느님을 목적으로 생각하지 않고 수단으로 생각할 때 이른바 기복신앙의 차원에 빠지기 쉽다.

‘정직이 최선의 수’라는 말이 있다. 그러나 이러한 말 때문에 정직하게 되는 사람은 이미 정직한 사람이 못 된다는 말도 있다.

참으로 어려운 문제다. 어쨌든 간에 우리는 매사 이해관계의 차원을 넘어서서 좀 더 순수하고 순박하게 생각할 필요가 있다. 그렇게 할 때에 나머지는 하느님이 덤으로 우리에게 주실 것이다.(1992. 3)

진리와 생명

예수님은 "나는 길이요 진리요 생명이다"(요한 14,6) 이렇게 말씀하셨다. 아마 인류역사 이래 이보다 더 엄청나며 이보다 더 귀중한 말씀은 없을 것이다. 왜냐하면 '길'도 '진리'도 '생명'도 우리가 생각할 수 있는 모든 것 중에서 가장 소중한 것들이기 때문이다.

이 간결한 말씀은 그야말로 헤아릴 수도 없는 뜻의 심연이다. 그러나 그 깊은 뜻을 푸는 열쇠가 역시 이 말씀 안에 들어 있다. 결국 여기에서 '나'는 예수님을 가리키는데, 예수님이 어떠한 존재이신가를 푸는 일이 '길'과 '진리'와 '생명'을 푸는 열쇠가 된다.

예수님은 대사제이시며, 예언자이시며, 인류가 생긴 이래의 최대의 시인이시며, 사람의 아들이시며, 동시에 하느님의 아들이시다. 이 중에서 어느 항목 하나만을 연구하려고 해도 끝없는 작업이 될 것이다. 그러나 예수님이 제일 힘써 가르쳐 주셨고 또 몸소 실천해 보여 주신 것이, 첫째로 하느님에 대한 흠숭이며 그 다음으로 이웃에 대한 사랑이다. 예수님은 목숨을 바치기까지 하시며 이 둘을 실천에 옮기셨다. 예수님은 사랑을 위해서 희생제물이 되는 경우의 으뜸가는 본보기다. 그러면 결국 이웃 사랑을 위해 자기를 희생하는 일, 이것이 가장 높은 차원의 진리라는 뜻이 된다.

'나'라고 말씀하신 예수님의 한 존재 안에 길과 진리와 생명이 만난다는 것은 극히 놀라운 일이 아닐 수 없다. 왜냐하면 우리도 예수님의 뜻을 좇아 몇 백 분의 일 정도라도 예수님을 닮으려 할 때 (천주교 신자들은 이미 그렇게 하기로 결심한 무리다), 우리 각자의 '나' 안에 '길'과 '진리'와 '생명'이 하나로 통합될 수 있을 것이기 때문이다.

보통 진리라고 하면 우리는 우선 어떤 학문을 생각하게 된다. 특히 철학이라든가 자연과학 분야의 순수한 학문을 생각하게 된다. 뉴턴이나 아인슈타인 같은 과학자를 진리의 탐구자라고 생각하는 데에 인색할 필요는 없다. 그러나 예수님 말씀대로라면 진리는 몸이요 마음이요 영혼이요 피요 실천이다. 특히 사랑의 실천이다. 그렇게 해서 생명이 곧 진리가 되는 것이며 진리는 또한 생명이다. 그리고 이러한 생명의 진리가 학문적인 진리보다도 높은 차원에 있는 진리라는 것을 의심할 필요는 없을 것이다. 다시 말해서 생명의 진리야말로 모든 진리 중에서 으뜸 진리가 아닌가 싶다.

예수님이 '나는 진리'라고 말씀하셨을 때 그 '나' 안에는 우리와 같은 인성(人性)뿐만이 아니라 신성(神性)도 들어 있다는 점을 아로새길 필요가 있다. 따라서 우리가 예수님을 닮는 데에는 처음부터 절대 뛰어넘을 수 없는 엄연한 한계가 있다. 그렇다고는 하지만 예수님이 우리에게 이 말씀을 들려주실 때에는 우리 인간의 생명도 진리에로 나아갈 수 있다는 점도 비치시는 것으로 여겨진다. 그렇지 않을 리가 없다. 사실 지금까지의 모든 성인이나 순교자들은 진리 안의 삶을 실천한 분들이 아니겠는가. 인간이 인성만을 지닌다 해도 인간의 생명은 (뿐만 아니라 모든 생명은) 하느님에게로부터 오는 것이다. 그러기에 생명은 거룩하다. 이렇게 생각해 보면 인간의 생명이 진리에로 나아갈 수 있다는 것은 당연한 일이기도 하다.

요즘 교회가 주축이 되어 펼치고 있는 낙태반대운동도 진리에 다가가기 위한 생명운동의 하나다. 생명운동으로 이어지는 낙태반대운동이 우리 신자들의 생활 속에 자리 잡기 위해 우리는 예수님의 탄생을 거듭 음미할 필요가 있다.

하느님 사랑의 육화(肉化)가 곧 예수님이시다. 하느님은 너무도 엄청난 표양을 보여 주셨다. 우리도 우리의 사랑을 우리의 행위로써 육화되도록 할 때 이것이 우리가 실천할 수 있는 진리가 될 것이며, 이러한 삶이 곧 진리의 삶이 될 것이다. 그리고 이러한 삶 역시 우리의 힘 안에 있는 것이 아니라 하느님의 은총 안에 있다.

미사 참례하는 기쁨

부끄러운 고백이지만 영세하고 나서 얼마 동안은 미사 보러 가는 것이 부담스러웠다. 날씨라도 흐리고 바람이라도 불면 더욱 그랬다. 솔직히 말씀드려서 고해하는 쪽이 더욱 부담스러워서 가는 경우가 많았다. 미사 도중에도, 이거 언제 끝나나 하는 생각이 스치기도 했다. 미사 참례하는 일에 의무의 이행 이상의 뜻이 없었던 것이다.

그렇더라도 결코 포기하지는 않았다. 한 번 시작한 일 아닌가. 끝까지 매달려 봐야지. 언젠가는 예수님이 살려주시겠지, 하는 믿음이 유일한 희망의 끈이었다. 그렇게 해서 세월이 흘렀다.

성당으로 향하는 무거운 발걸음이 언제부터 가벼운 기쁨의 발걸음으로 바뀌었는지 생각도 안 난다. 하여간 성령님은 나를 구해 주셨다. 언제부턴가 대문을 나서는 순간부터 이제 미구에 만나게 될 그 신비한 은총의 시간에 가슴이 가볍게 설레기까지 하게

되었다. 시편의 5편에 나오는

> 당신의 크신 사랑만을 믿고
> 나는 당신 집에 왔사옵니다.
> 주님 두려워하는 마음으로
> 당신의 거룩한 성전을 향하여 엎드립니다.
> 야훼여! 원수들이 지켜보고 있사오니
> 이 몸에서 죄를 벗겨 주시고
> 당신 길을 내 앞에 터주소서.

이런 구절이 입술에 올라도 부자연스러울 것이 없다.

미사가 시작되면 미사는 마치 시간이 본연의 걸음을 되찾기라도 한 듯 빠르지도 느리지도 않게 진행된다. 물 흐르듯 자연스러우면서도 엄숙하고 평화롭다. 이제 나는 이 흐름에 나의 몸과 마음을 싣기만 하면 된다.

생각해 보면 이 미사야말로 2천 년을 두고 깎이고 깎여 세련에 세련을 거듭해 온 거룩한 의식(儀式), 생명의 의식 아닌가.

지금 이 곳에는 삼위일체이신 하느님이, 특히 그 중에서도 성령님이 오셔서 우리와 함께하고 계시다. 한 목소리로 울리는 회중들의 기도소리. 그 중에 나의 작은 목소리도 녹아들어 함께 흐른다. 성가대의 노래 소리에는 보이지는 않지만 어느 틈엔가 와서 함께 부르는 천사들의 목소리도 섞여 있다. 저 노래는 정말 천상의 합창인 것이다.

　미사의 비의(秘儀)는 진행되어, 마침내 빵과 포도주는 예수님의 몸과 피로 변하고, 우리는 그것을 받아먹음으로써 예수님과 하나가 된다. 그리하여 우리 몸이 예수님을 모시는 성전이 된다. 이보다 더 큰 기적이 어디에 있을까. 꿈 흐르듯 미사는 흘러간다. 나도 함께, 그러나 나를 잊은 채 꿈꾸듯 흘러간다.

성인(聖人)

전에는 어린 사내아이에게 '커서 대통령이 되어라' 한다든가, '대장이 되어라' 하면 그 아이에게 주는 축복의 덕담으로 통했을 터였다. 요새는 시대가 달라져서 그런지 이런 식의 덕담은 별로 들어볼 기회가 없는 듯하다. '무지무지한 부자가 되어라' 하면 대개의 경우 그 아이의 부모는 좋아할 것이다.

그런데 내가 이상하게 생각하는 것은 어린 아이에게 '커서 성인이 되어라' 하는 경우는 한 번도 본 적이 없다는 점이다. 공자님이나 부처님이나 소크라테스 같은 분은 그렇게 위하면서 왜 정작 애들에게는 성인이 되라고 권하지는 않는 것일까?

성인이 되는 과정에서 겪어야 할 고행이 끔찍하게 여겨지고, 저 애에게만은 그런 고생을 시키고 싶지 않다는 부모의 마음이 작용해서일 것이다. 고생은 면하고 즐거움만 누리려는 것이 '복'(福)에 대한 우리의 생각이 아닌가 싶으며, 이런 생각이 우리의 자랑거리라 할 수는 없다.

그런데 사실 사람은 타고날 때부터 성인이 되어야 할 의무가 있는 것이다. 복잡하게 따질 것 없이 착하고 바르게 사는 길이 사람의 도리일 것이며, 이것은 곧 성인을 지향함을 뜻하는 것이 아니겠는가.

성인이라고 해도 그 높이와 깊이와 크기에 있어 천차만별이다. 아우구스티누스 성인이나 프란치스코 성인같이 예수님의 경지에 근접하는 거물 성인이 있는가 하면 겉으로는 표가 안 나도 안에서 삶의 성화를 이룩한 작은 성인도 얼마든지 있을 수 있다. 함부로 거물 성인을 꿈꾸는 것이야 허황된 일이지만 나름대로의 능력 안에서 삶의 성화를 바라는 일은 조금도 오만이 아니다.

나는 '성인'을 어렵게 정의할 생각은 없다고 생각한다. '매우 착한 사람'(a very good man)이 성인에 가까운 사람이며, 여기에서 'very'가 몇 개 더 붙어서 'a very very very good man' 하면 벌써 성인이 되어가는 것이다.

예수님도 '너희도 하늘에 계신 아버지처럼 완벽하게 되어라'고 명령하시고, 우리도 하루에 몇 번씩이나 '우리에게 잘못한 이를 우리가 용서하오니……' 하고 우리 자신의 성화를 하느님께 약속하지 않는가.

나는 이제 사회의 활동에서 은퇴한 모든 노인에게 성인되기를 권하고 싶다. 성인되는 데에는 힘이 필요 없다. 자본도 필요 없다.

마음만 있으면 되는 것이다. 세상에 이렇게 좋은 사업이 무엇이 있나.

우리도 한평생 노력하면 성인까지는 몰라도 '조촐한 성도'까지 가는 것은 바랄 수 있지 않을까.(2004)

프랑스 외방전교회에서 오신 배세영 마르셀리노 신부님 요즈음도 안녕하신지 몰라. 지금쯤 매우 고령이실 텐데. 전에 내가 소속된 성당에 자주 오셔서 미사집전을 하셨는데 그런 지도 벌써 여러 해가 지났다.

배 신부님은 한국에서 사목 활동하시느라 평생을 보내셨다. 프랑스 신부님으로서 한국 천주교회 발전에 공헌을 하신 은인 중의 한 분이시다.

얼마 전에 한국 천주교회에서 만든 '초대받은 당신'이라는 영화가 있었다. 그 영화에서 초대교회 때 한국에 와서 사목을 하시다가 치명하신 프랑스 신부님 역으로 마르셀리노 신부님이 나오셨다. 그 때 그 역할을 하시던 진지하면서도 유머러스한 배 신부님 특유의 그 표정이 지금도 기억에 남는다.

어쩌다가 알게 된 얘기가 또 한 토막 있다. Y교수는 배 신부님과 같은 외방전교회 소속으로 한국에 왔지만, 옷을 벗고 한국여성과 혼인하였다. 배 신부님은 Y교수를 만날 때마다 "너는 이미 하느님과의 약속을 어겼으니, 그나마 나한테 잘해야 지옥불을 면한다. 점심사라" 이런 식으로 가끔 끼니 대접을 받는다고 한다. 배 신부님 유머 감각은 상당한 것 같다.

배 신부님의 강론은 늘 감명이 깊었다. 간결하면서도 요점이 분명하여 마음에 잘 스몄다. 원고 없이 말씀하실 때에도 꼭 문법에 맞는 문장 한 토막을 듣는 것 같은 상쾌한 느낌이었다.

아마 어느 행가의 성소주일이었을 것이다. 그날도 차분하게 강론을 시작하셨다.

"제가 젊었을 때, 그러니까 신학교에 갈 때쯤 같은 마을에 사는 한 아가씨와 저는 서로 깊이 사랑하는 사이였습니다. 그 아가씨는 마을에서도 꼽히는 아주 좋은 가문의 정숙한 아가씨였습니다."

나는 마음속으로, '야아, 이거 멋지다. 신부님의 연애담이구나!' 이렇게 생각하고 잔뜩 기대에 차서 얘기의 전개를 기다렸다. 참으로 극적인 순간이었다.

"우리는 서로 아주 순수한 마음으로 사랑했습니다. 그 아가씨는 참으로 아름답고 마음씨가 고운 아가씨였습니다. ……"

자아, 이제부터다!

"그러나 그 아가씨는 제가 사제가 되기 위해서 신학교에 갈까 한다는 말을 어렵게 꺼냈을 때, 조용히 생각에 잠기며 듣더니 제 뜻을 받아들여주었습니다. 우리는 그와 같이 해서 서로의 깊은 이해 아래에서 헤어져 각기 자기 갈 길을 갔습니다. ……"

솔직히 나는 가벼운 실망을 느끼지 않을 수가 없었다. 얘기가 너무 싱겁지않아! 성직자의 사랑. 적어도 그쯤 됐으면 운명의 쌍곡선에 관한 사연, 눈물 젖은 손수건의 얘기가 나와야지! ……

그러나 신부님의 어조에서 배어나오는 쓸쓸한 여운은 신파조의 사건 따위와는 비교도 안 될 만큼 정화된 카타르시스를 나에게 안겨 주었다.

신부님이 담담하게 말씀해 나가신 그 강론에는 가톨릭 신자가 지녀야 할 자세와 덕목이 다 들어 있는 것이다.

첫째는 배 신부님의 그 솔직하고 정직한 고백이다. 용기 없이 이런 고백을 신자들 앞에서 할 수는 없는 일이다. 둘째는 말씀하시는 그 태도의 자연스러움이다. 셋째는 그 청춘남녀들의 깊은 이해와 의연함이다. 소란 떨 것 없이 조용히 사랑의 아픔을 참으면서 각자 갈 길을 갔다. 그리고 넷째로는 자기 마음의 아픔을 평생의 제물로 바치는 그 고매한 정신과 소명에 대한 투철한 의무의식이다. 이렇게 헤어지는 속 깊은 두 젊은이를 하느님이 축복해 주시지 않을 리가 없다.

배 신부님의 그 때 그 강론은 20년이 넘었을 지금에 와서도 은은한 여운으로 흐른다. 아름다운 강론의 기억은 맑은 별이 되어 지금도 내 마음하늘에서 반짝이고 있다.(2004)

4부

명상의
오솔길

새 즈믄 해를 열며

묵은 즈믄 해를 보내고 새 즈믄 해를 맞아들이니 우리는 이제 2,000살의 나이를 먹은 셈이 됐다. 우리 식으로 따질 때 섣달 그믐날에 난 아이는 하루만 지나 설날이 되면 두 살을 먹는다는 식으로 따져서 하는 말이다. 우리는 참으로 멋있는 시기에 삶을 얻어서 이 세상을 살아가고 있는 것이다.

인류의 삶에서 시간만큼 숙명적인 것은 없다. 인류의 삶에서 시간이 거둬들여지는 순간이 있다면 그 즉시 인류의 생존은 무(無)가 된다. '상대성원리'에서는 시간도 늘어났다 줄어들었다 한다지만, 그것은 이론의 세계의 문제이며, 현실적으로는 시간은 처음도 끝도 없이, 그리고 한결같이 흐르는 그 무엇이다. 이 흐름은 그릇과 같은 것이다. 이 시간이란 그릇에 우리는 우리의 생각과 행위를 담는다. 동시에 우리의 변화를 싣는다.

이음매 없이 흐르는 시간은 바로 영원의 모습을 연상시키는데,

이러한 영원의 모습은 인간이 견디기 힘든 것이다. 유한한 인간이 영원성과 직결돼 있는 시간을 살아가기 위해서는 순환과 반복의 형식을 빌게 된다. 인간은 들숨과 날숨을 반복하면서 죽지 않고 시간의 흐름을 탄다. 들숨과 날숨도 하나의 순환운동이다. 피스톤의 들락날락하는 과정이 바퀴의 회전운동으로 이어지는 것을 보면 알 수 있다. 회전운동은 단위에 따르는 원점으로의 회귀를 의미한다. 동시에 새 출발을 의미한다.

날이 돌고 달이 돌고 계절이 돌고 해가 돈다. 10년의 단위가 바뀌고, 100년의 단위가 바뀌고, 1,000년의 단위가 바뀐다. 이미 말한 바와 같이 이 세 가지의 보냄과 맞이함이 한꺼번에 겹친 것이 바로 올해 지금이다.

인간의 의지와 결심은 항구하지가 못하다. 그래서 새로운 전기(轉機)가 마련되고 새 출발에 서게 될 때에는 으레 삶의 행로를 다시 한 번 성찰하고 새로운 결심을 하게 된다. 지금이 그러한 시기로서 1,000년에 한 번 차례오는 희귀한 시점이다.

먼저 천지만물을 창조하시고 유구한 세월을 열어주신 하느님께 찬미와 감사를 드릴 일이다. 그리고 나서 내가 생각하는 것은, 언제든지 미래의 진로와 양상은 지금의 우리의 염원과 무관하지 않다는 점이다. 무관하지 않을 뿐만 아니라 지금의 우리의 노력과 활동의 결실이 바로 미래의 모습으로 나타나게 된다는 점이다. 미래의 세계가 그 자체 독립적으로 있게 되는 것이 아니며,

따라서 우리는 미래의 세계를 말할 때 마치 남의 말을 하듯이 할 일이 아니다.

21세기는 인류가 20세기의 물질 지향적인 추구를 반성하고 영성(靈性) 지향적인 삶 쪽으로 나아갔으면 좋겠다. 영성의 삶에 깊이 들어가면 탐욕이 견디어 낼 리가 없고, 탐욕이 사라질 때 환경오염의 문제도 저절로 풀릴 것이다. 그런 후라야 세계에 참된 평화가 찾아올 것이다. 이러한 자명한 원리가 어째서 우리에게서 그렇게 멀기만 한 것일까!

베토벤

왜 난데없이 베토벤이냐고 할는지 모르겠다. 그러나 만남의 신비야말로 삶에서 가장 풀기 어렵고 또 소중한 것이 아닐까 싶다. 요즈음 베토벤과 나와의 만남, 그것이 이 글을 쓰게 된 동기이다. 베토벤과 같은, 인류에 빛과 희망을 주는 대예술가에게 바치는 찬미의 글을 쓰게 된 일 자체만 생각해도 나는 지금 무척 행복하다.

물론 내가 베토벤을 처음 만난 것은 아니다. 나는 평생을 두고 베토벤의 음악을 들어온 셈이다. 그러나 만남 중에도 또 색다른 만남이 있을 수 있다. 아들애 하나가 내가 음악 듣기를 좋아하면서도 만날 라디오 하나에 의존하고 있는 것이 안돼 보였던지 중고 오디오 부품을 싼 값에 사 모아 조립해서 내게 선물한 것이다. 그런데 소리가 생각보다 좋다. 평생에 처음 듣는 소리여서 나는 하늘에서 내려주신 선물이라고 진심으로 감사하고 있다. 자연

CD판이 고이게 된다. CD판의 편리함이란! 참으로 좋은 세상 좋은 시대다.

그러다가 베토벤의 최만기의 피아노 소나타 여섯 곡을, 그러니까 27번부터 32번까지의 곡을 빌헬름 켐프가 친 판을 만나게 되었다. 다시 말하거니와 SP시대와 LP시절을 거쳐 온 나로서 CD의 고마움이란! 나는 단추 한두 개 누르는 동작만으로 거의 온종일 연속적으로 듣고 싶은 음악을 되풀이 되풀이 들을 수가 있는 것이다.

그런데 얘기는 이제부터다. 앞서 말한 베토벤의 소나타를 듣는 순간부터 나는 인간의 정서가 겪을 수 있는 모든 빛깔의 '결'을 최대한의 진폭으로 느끼고 있다고 해도 지나친 말이 아니다. 베토벤의 소나타는 나를 사로잡는 크고도 치밀한 그물, 아니면 나를 끝도 없이 가라앉게 하는 깊이 모를 심연이었다. 내가 이 음악에 빠지는 점만으로 본다면 나는 완전히 미친놈이나 다를 바가 없을 것이다.

세상에 저런 음악이 있을 수가 있는가! 저게 기적이 아니고 무엇인가! 귀를 완전히 먹다시피 한 이가 어떻게 저런 곡을 완성할 수 있었을까! 아니 귀를 먹었으니까 저런 경지가 열렸던 게지! 나는 때로는 한숨짓고, 때로는 눈물 흘리고, 때로는 절망에 빠지곤 하였다(그 까닭은 나도 모르겠다). 너무나 아름답다. 너무나 굳세다. 너무나 높다. 너무나 깊다. 절망이 (베토벤이 겪은) 너무 크다. 그러한 절망을 넘어서고 승화했기에 그 정화의 하늘이 너무 아득하고 맑다. 베토벤 같은 예술가가 나왔다는 것이 인류의 자랑이 아닐 수 없다. 베토벤의 소나타를 들으며 나는 가능한 감정의 모든 늪을 탐닉한다.

구체적으로 얘기해 보자. 그의 소나타 제 29번 E플랫 장조의 3악장 아다지오 소스테누토. 그 고뇌, 투쟁, 초극, 명상, 정화, 평화의 깊이란! 여기에는 쇼팽의 원석(原石)이 이미 들어 있다. 아아, 위대한 베토벤!

나는 소년 시절에 슈베르트의 「미완성교향곡」을 듣고, 세상에 이렇게 아름다운 음악을 들었으니, 죽어도 한이 없다고 느낀 적이 있다. 나의 삶의 만년에 또 다시 베토벤을 만났으니, 나는 참 행복하다.

너무 풍요로우면 감사를 잊는다. 중고 오디오가 그렇게 고맙다. 여기서 문득 예수님 말씀이 생각난다. "마음이 가난한 사람은 행복하다." 아, 예수님, 예수님 말씀은 어쩌면 그렇게 언제나 진리이십니까!

상대성원리와 사랑

미국의 시사잡지 「타임」에서 20세기를 대표하는 인물로 아인슈타인을 뽑았다.

루스벨트, 간디, 처칠 등을 제치고 뽑힌 것이다. 아인슈타인 만세다. 아인슈타인을 뽑은 이유로서, 20세기는 단연 과학의 세기인데 과학을 대표하는 인물로는 아인슈타인의 위상이 가장 높고 깊다는 점을 지적하고 있다. 사실 아인슈타인의 상대성원리는 비단 과학분야뿐만 아니라 철학, 문학, 미술, 음악, 정치 등 인류의 문화와 생활의 모든 분야에 대해서 헤아릴 수 없을 만큼 큰 영향을 미쳤다. 군주제의 몰락, 사회질서의 변혁 등 20세기의 거센 사회적 격동도 상대성원리의 사상에 그 뿌리를 내리고 있는 것이라 해도 과언이 아니다.

1999년 12월 31일자 「타임」의 표지에 아인슈타인의 얼굴 사진이 났다. 그런데 이 사진이 한 인간의 초상으로서 내가 지금까지 보아온 모든 사진 중에서 최고의 걸작이다. 위대한 한 사상가의 내면세계의 깊이와 힘을 그대로 담고 있다. 아인슈타인은 미국에서 불우한 처지에 있는 유태인을 소리 없이 도왔다. 그는 사진작가 필립 할스만의 미국 입국을 역시 도왔다. 이 사진은 바로 그 할스만이 찍은 사진이다. 사진작가 할스만은 아마 사랑으로써 아인슈타인에게 보답했을 것이다.

아인슈타인은 어렸을 때부터 나의 우상이었다. 나는 아인슈타인! 하고 그의 이름만 불러 봐도 무엇인가 가벼운 신비의 도취를 맛볼 수 있었다. 그런데 아무리 책을 보고 궁리를 해도 상대성원리는 나에게는 도저히 접근할 수 없는 비밀이었다. 물론 과학자가 아닌 나로서, 또한 수학엔 완전 문외한인 나로서 상대성원리를 제대로 이해한다는 것은 처음부터 불가능한 일이었지만 하다못해 기본적인 개념만이라도 파악할 수 없을까 하는 것이 나의 오랜 염원이었다. 20세기 마지막 해인 지난해 나는 비로소 마치 무슨 깨달음이라도 얻듯 상대성원리의 기본개념을 깨쳤다. 상대성원리의 첫 관문 하나를 뚫은 것이다. 그래서 지난해는 나에게 무척 행복한 해였다.

'마이켈슨-몰리의 실험'이 보여 주듯 어떠한 상황에서도 빛의 속도는 일정하다. A라는 사람이 정지한 상태에서 빛을 발사해도, 또는 앞으로 전진하는 기차를 타고 빛을 발사해도 빛의 속도는 일정한 한계를 넘지 않는다. 대개의 과학자들이 어찌해서 서로 다른 조건 하에서 빛의 속도가 일정할까 하는 문제를 놓고 궁리하는 사이 아인슈타인은 빛의 속도가 항상 일정하다면 역으로 다른 조건들이 어떻게 변할 것인가에 착안했다. 이것이 '특수상대성원리'의 출발점이었다! 빛의 속도가 항상 일정하기 위해서는 서로 다른 운동량을 지닌 관측자의 시간과 공간이 늘었다 줄었다 하는 수밖엔 없다.

그런데 시간과 공간을 늘였다 줄였다 하는 것이 물리적인 운동량 말고 또 있다. 사랑이 바로 그것 아닌가.

사랑이 있으면 오두막집도 궁궐 같다. 사랑이 없으면 대궐도 감옥이다. 사랑하는 사람과 같이 있으면 시간이 빨리 간다. 사랑하는 사람을 기다리는 시간은 끝없이 더디다.

아인슈타인은 만년에 중력과 전자기력을 통합하는 '통일장론'을 세우려 했지만 실패했다고 한다. 아무리 아인슈타인이라 하더라도 '사랑'까지 참여시킨 '대통일장론'은 상상하지 못했겠지. 이런 상상은 우리 '시당'(詩黨) 사람들이 한다. 어쨌거나 과학자들이 벗겨내는 우주의 신비는 곧 조물주에 대한 찬미의 뜻을 지니게 된다.

4월에 생각나는 것들

4월은 뭐니 뭐니 해도 부활의 계절이다. 나 개인적인 생각으로 천지개벽 이래 예수 부활 사건보다 더 큰 사건은 없을 것이라 여겨진다. 아니, 나는 예수 부활 사건이 천지창조 그 자체보다도 더 큰 사건이라 생각해 본다.

과학자의 말에 의하면 천지창조의 시발점은 이른바 '빅뱅'이라는 것으로서, 없는 것과도 같은 작은 한 점이 폭발하여 불과 몇 초 사이에 이 광대한 우주로 팽창하였고, 그 팽창은 약 200억 년이 지난 지금도 계속되고 있다. 그러니 그 최초의 폭발이 얼마나 큰 사건이었겠는가. 그러나 그러한 '빅뱅'조차도 사건의 뜻의 깊이에서 예수 부활과는 비교가 되지 않는다. 왜냐하면 예수 부활은 생명이 영원히 죽음을 이긴 사건으로서 실로 규모가 크다든가 작다든가 하는 물리적인 차원을 넘어서기 때문이다.

말이 나온 김에 마저 말씀드리자면 나는 예수 부활을 일체의 설명이나 해석 없이 문자 그대로 죽음으로부터의 육신의 부활이라 믿는다. 더러 예수의 부활을 정신적인 부활의 비유로 풀고 싶어 하는 사람도 있는 모양인데, 나는 그러한 해석은 필요 없다고 생각한다. 오상(五傷)을 지닌 예수님이 부활하셔서 걸어다니며, 음식도 잡수시고 했던 사건이다.

예수 부활 사건이 일어난 지구야말로 어떤 의미에서는 우주의 중심(中心)이요 가장 빛나는 핵(核)이다. 요새도 천동설을 믿는 이는 없을 것이고, 지구가 태양 주위의 궤도를 돌고 있다는 것을 모르는 사람이야 없겠지만, 그러나 존재의 뜻으로 볼 때엔 역시 지구가 우주의 중심이다. 현대과학의 능력을 총동원해서 찾아보아도 지구 같은 별은 아직 찾지 못했다. 우주의 보석과도 같은, 아름답고 영묘한 지구. 금강산 같은 영산이 자리잡고 있는 지구. 그런데 그 지구가 인간의 탐욕과 만행으로 지금 썩고 병들어 죽어가고 있다.

정치가, 경제학자, 사상가들이 인간의 생활을 개선해 보려고 필사적인 노력을 기울여도 사정은 갈수록 나빠지기만 한다. 마치 희랍의 신화에 나오는 뱀 '하이드라'의 경우처럼 문제 한 가지가 해결되면 더 고약한 문제 두 가지가 발생한다. 어떻게 해야 할 것인가.

부활의 계절 4월에 나는 단순하면서도 빛나는 생각 한 가지를 해 본다. 문제해결의 실마리가 먼 곳에 있는 것이 아니다. 우리가

살아나가는 데에 필요한 모든 행위를, 개인생활이건 사회생활이
건 따질 것 없이 모든 행위를 사랑의 차원에서 해나가면 되리라
는 생각이다.

강단에서 가르치는 사람은 단순히 제자를 가르치는 일이라고
생각하지 말고 가르치는 일이 바로 사랑을 실천하는 일 자체라고
생각한다. 배우는 사람도 단순히 배운다는 생각 대신에 배우는
일 자체가 사랑의 나눔이라고 생각한다. 열심히 배우는 것이 열
심히 사랑하는 것이다. 이렇게 한다면 요사이 문제가 되는 스승
과 제자 간의 갈등이 해결되지 않을 것인가. 버스 운전기사도 운
전하는 일이 바로 사랑의 실천이라 생각한다면 얼마나 좋을까.
버스를 타는 사람도 마찬가지다. 사회의 모든 분야에서 모든 사
람이 모든 행위를 사랑을 실천한다는 차원에서 해나간다면, 오,
얼마나 빨리 꿈처럼 지상천국이 실현될 것인가.

'서로 사랑하라'는 예수님의 가르치심을 우리가 소홀히 하고
있기 때문에 인간의 삶이 만날 오늘과 같은 모양이다.

이석영 선생님

이석영(李錫英) 선생님은 나의 초등학교 은사님이시다. 초등학교라야 해방 전 일제 때의 일이니, 당시는 '초등학교'가 아니고 '심상소학교'였다. 이 이름이 얼마 있다가 '국민학교'로 바뀌더니 그것이 또 근래에 '초등학교'로 바뀐 것이다.

이석영 선생님과 나와의 인연을 생각해 보면, 가늘고 꼬불꼬불한 오솔길 같은 것을 연상하게 된다. 이 길은 사람이 많이 다닐 리 없는 뒤안길이지만 나에게는 매우 소중한 길로서, 마치 빛나는 온실의 상감처럼 나의 기억에 박혀서 빛나고 있다.

선생님은 1911년생이시라니까 만이 아닌 우리 식의 셈으로 올해 춘추 아흔이 되셨다. 선생님은 1940년 내가 충남 예산의 초등학교 3학년일 때에 나의 담임선생이 되셨다. 선생님은 위엄이 있으시면서도 동시에 자상한 아버지 같은 그런 분이셨다. 반세기가 넘는 아득한 옛날에 있었던 이러한 일을 회상하는 것만으로도 지금 눈에 눈물이 고이려고 한다.

당시 선생님의 존재는 단순히 인자하고 훌륭한 선생님이시라는 사실 이상의 그 무엇이었다. 선생님은 학교를 벗어난 곳에서는 반드시 '조선말(우리말)'로 말씀을 하셨다. '오오, 너냐, 아버지 안녕하시냐?' 이런 식이다. 이런 광경은 서슬이 퍼랬던 일제시대에 그리 흔히 볼 수 있는 풍경이 아니었다. 어린 나이의 소견으로도 선생님은 일제시대라는 지옥과도 같은 시기에 틈만 있으면 조선 사람의 얼을 표 안 나게 내비치셨다. 그것은 나의 마음 안 깊숙이 스미는, 암흑에서 만나는 한 줄기 가는 빛과도 같은 것이었다.

나는 초등학교 3학년 때 서울(당시는 경성) 미동초등학교에 전학했다. 6년 졸업하고서, 폭격이 무서워 서울을 떠나야 한다고 해서, 충남 공주중학교에 가서 입시를 치르게 됐다. 가보니 이석영 선생님이 예산초등학교 출신 공주중학교 지망생 7, 8명을 인솔하고 그 곳에 와 계셨다. 몇 해 만에 참으로 반갑게 선생님을 뵈었다.

입시 하루 전날 밤에 선생님은 예산에서 온 학생들을 모아 놓고 입시에 대비한 총정리를 해 주셨는데 나도 그 자리에 끼게 되었다. 선생님은 '너희들, 오늘 내일은 밥 잘 먹고 기운내야 한다' 우선 이런 말씀부터 하셨다.

다 알고 계시겠지만, 당시 입시과목의 첫 번째에 오는 이른바 '국어(일본어)'에는 한자(漢字)에 '가나(일본문자)'로 토를 달 때

'가나'의 '오'에 'オ'와 'ヲ'가 쓰이는 공식 같은 것을 그 자리에서 우리에게 가르쳐 주셨다. 유감스럽게도 자세한 것은 지금 기억하지 못하지만 선생님의 우리말과 일본어에 대한 지식의 해박함에 당시 나는 마음속으로 감탄했다.

그로부터 50여 년 후 나의 본당인 응암동 성당에서 우연히 선생님을 다시 뵙게 되어 얼마나 반갑고 기뻤는지 모른다. 언제부터인가 선생님은 알베르토란 본명으로 영세하셨고 북가좌동으로 이사 오시어 나와 같은 성당의 교우가 되신 것이다. 응암동 성당에서 뵙는 선생님은 늘 편안해 보이셨고 신심생활에서도 열심이시어 타의 모범이 되시었다. 얼마 후 선생님께서 '성당 노인대학'의 교장으로 추대되시더니 나에게 '교가'를 부탁하시기에 기꺼이 노인대학 교가 가사를 지어드렸다.

근래 알게 된 일인데, 선생님은 공주고보(公州高普) 5년을 졸업하시고 1932년경에 평양의 사범학교 강습과에 진학하셨고, 그곳에서 국문학의 대가이신 이숭녕(李崇寧) 선생님께 배우셨다 한다. 그래서 수수께끼가 풀린 셈이다. 바로 전에 말씀드린 우리말과 일본어를 관련시킨 선생님의 지식은 이숭녕 선생님께 배우신 것이 틀림없다. 그 후 나도 이숭녕 선생님께 배운 바가 있으므로 이 점에서는 이석영 선생님과 나는 이숭녕 선생님의 같은 제자가 되는 셈이다. 이러한 이석영 선생님이 지금은 서울에, 그것도 나의 집과 가까운 북가좌동에 살고 계시어 성당에서 자주 뵈올 수

있으니 나는 이러한 사실만으로도 행복하다. 요즈음 선생님의 건
강이 좋지 않으시다고 들린다. 선생님 만수무강하소서.[1]

---

1 선생님은 2000년 5월 16일에 선종하셨다.

인생의 예술

　사람은 누구나가 숙명적으로 예술가다. 누구나가 좋든 싫든 나서부터 죽을 때까지 인생이라는 한 작품을 완성한다. 이러한 과정을 나는 인생의 예술이라 불러본다.

　하느님의 모습을 닮은 인간이 본질적으로 예술가라는 점은 보기에 따라서는 너무도 당연한 일인지도 모른다. 하느님이 말씀으로 이 아름다운 천지와 만물과 인간을 만드셨을 때, 하느님은 창조자이시며 또한 예술가이셨다. 인간이 어찌 하느님이 하신 일을 따르지 않을 수 있겠는가.

　살아 있는 동안에 착한 일, 좋은 일, 멋있는 일, 창의적인 일, 모험적인 일, 감동적인 일 따위를 많이 하면 할수록 그것은 그만큼 재미있고 다양한 '작품'이 될 것이다. 깊이 있는 생각을 많이 하고, 또 그것을 실천에 옮긴 사람의 '작품'에는 그만한 깊이가 고이게 될 것이다. 이러한 생각을 한 번 하게 되면, 기왕이면 아름답고 훌륭한 '인생의 작품'을 완성하고자 염원하지 않을 사람이 누가 있을까.

우리가 마음을 굳게 먹고 의지적으로 좋은 일을 하려고 노력하는 것은 갸륵한 일이고 영웅적인 일이긴 하지만, 너무 힘이 들어 지속이 어렵다. 우리의 결심이 며칠도 못가서 흐지부지되고 마는 일이 얼마나 많은가.

의지에 의존하기보다는 어떤 일에 재미를 붙여서 하는 경우 훨씬 힘도 덜 들이고 지속할 수가 있다. 뜻하는 일을 해나가는 데에 재미가 나기 시작한다면 그 사람의 인생은 벌써 절반은 성공이다. 허나 여기에 머물기보다 한 걸음 더 나아가, 인생의 예술의 '작품'을 위해서 살아보겠다는 의식을 가질 때 오히려 더 큰, 그리고 본질적인 추진력을 얻게 될 수도 있지 않을까.

잘못을 저질렀을 경우, '아, 잘못했구나!' 하는 반성을 함과 동시에 '이로써 나의 작품에 흠이 생기는구나!' 하는 의식을 곁들이면 훨씬 더 교정의 힘이 강력해질 수 있지 않을까. 게으름을 부리다가도, '이러다가는 나의 작품에 금이 가지!' 하는 생각을 하면 벌떡 일어나게 될 것이다.

그러나 아무리 큰소리를 쳐도 필경엔 사람의 일이다. 성인(聖人)이라 추앙받는 사람의 경우에도 그 사람의 '작품'의 비밀스러운 곳을 들여다보면 거기엔 부끄러운 흔적이 십중팔구 없지는 않을 것이다. 그러나 가만히 잘 보라. 잘못으로 뜯어진 그곳이 깊은 반성으로 정성껏 꿰매어져 있는 것이 아닌가. 그만이나 하니까 성인의 경지에 오를 수 있었을 것이다.

남들이 모두 악인이라 부르는 사람도 그의 인생의 깊은 곳을 보면 거기엔 수줍고 고운 한 떨기 꽃과도 같은, 향기로운 행동의 동기가 숨어 있을는지도 모른다.

남의 인생의 예술의 '작품'을 감상할 수 있는 사람은 이 세상엔 없다. 그 짧지 않은, 추상적인 작품을 사람이 어찌 잘 감상할 수 있겠는가.

이 '작품'은 오직 하느님만이 감상하신다. 온 정성을 바쳐 인생의 예술의 '작품'을 완성하고 이 '작품'을 들고 하느님 대전에 나섰을 때, 그리고 하느님께서 대견해 하시며 기뻐해 주실 때, 그 감격과 보람은 얼마나 클 것인가.

발명의 품목

에디슨이 발명의 천재라는 것을 모르는 사람은 없다. 딴 것은 모르겠고, 지금도 없으면 못 견딜 백열등이 그의 발명이니 에디슨은 인류에게 두고두고 얼마나 큰 혜택을 베풀고 있는 것인가! 또 한 가지, 지금의 '오디오'의 원조라 할 수 있는 '유성기'도 그의 발명이니, 음악애호가들은 그에게 단단히 감사를 바쳐야 마땅하다.

에디슨이 '천재란 1%의 영감과 99%의 노력의 결과'라 했다는 말도 유명하다. 여기에서 또 생각나는 것이 일본의 어느 빼어난 평론가가 한 말, '천재란 다름 아닌 노력하는 방법을 발명하는 사람'이란 말이다. 음미해 볼 만한 말이다.

아무리 노력을 하고 싶어도 그 노력을 어떻게 해야 할지 몰라 막막할 때가 너무나 많다. 여기에서 그냥 체념하고 물러나면 그뿐이겠지만, 그래도 무슨 수가 없을까 하고 궁리에 궁리를 거듭

해서 '노력'이라는 그 밧줄에 매달리는 부류의 인간이 '천재'라고 그 비평가는 말하고 있는 듯하다.

좋은 글이 안 써져서 어떻게 해서든지 영감적인 글이나 시를 쓰려고 책상 서랍 속에 썩은 사과를 넣어두고 틈틈이 그 냄새를 맡았다는 독일의 시인 쉴러도 그런 부류의 인간이었는가 보다.

그러고 보면 발명은 천재적인 과학자나 발명가들만의 독점적인 분야가 아니라는 것을 알 수 있다. 인문학적인 분야에서도 인문학의 발전을 위해서 발명은 불가결의 조건이다. 좋은 시구(詩句) 하나, 그것도 일종의 발명이다. 인문학적 분야뿐만이 아니다. 짐이 무겁고 고달픈 이 인생살이에서도 크건 작건 그때그때 무엇인가 발명을 해가며 살아나가야 보람 있는 삶의 길이 열리는 게 아닌가 싶다.

발명의 품목 중에서 나는 '감사하는 방법'의 발명도 꼭 필요한 것이라 생각한다. 감사할 줄 알아야 마음의 평화가 오고 그 다음에 길이 열린다. '감사하기'가 잘 안되면 무슨 수를 써서라도 각자 자기 나름대로의 그 방법을 발명해내야 한다.

이렇게 큰소리는 치지만 나도 '감사하기'의 뾰족한 방법을 발명해내지는 못했다. 다만 작은 일에 대해서도 빠짐없이 감사하는 마음을 갖는 습관을 들이는 것도 이 발명에 다소 도움이 되지 않을까 여기고 있는 정도이다.

10년도 더 전에 정리 정서해 놓은 어떤 '빛나는 생각'이 떠올랐다. 그러나 그 다음 순간 나는 오히려 절망에 가까운 막막함에 빠졌다. 지금에 와서 그 정서해 놓은 원고를 무슨 수로 찾지? 그래도 단념하지 않고 종이뭉치를 뒤적뒤적하다가 나는 원고 대신에 그 당시에 메모해 둔 쪽지를 찾아냈다. 이것만 있으면 됐다! 나는 나도 모르게 '감사합니다! 감사합니다!'를 연발했다.

바오로 사도 말씀대로 살아야 할 일이다. "항상 기뻐하십시오. 늘 기도하십시오. 어떤 처지에서든지 감사하십시오."

아름다운 자세

청명한 가을 날씨다. 하늘이 푸르디푸르다. 거기에 윤곽도 선명한 구름이 여러 가닥으로 천변만화하면서 빠르게 하늘을 흐르고 있다.

나는 벌써 넋을 잃을 정도로 구름에 매혹되어 있다. 순간순간 나타나는 구름의 새 형상들이 너무 멋지다. 저렇듯 자유분방하면서도 자연 그 자체인 연고로 편안해 보이는 저 모습들. 웅혼하고 숭고한 느낌을 주는 모양이 순간 섬세하고 부드러운 표정으로 바뀐다. 너무나 극적이다. 그러나 그 변화의 흐름이 물 흐르듯 자연스럽다. 저것은 분명 인간 차원의 예술이 아니다. 신의 산조(散調)인가. 아니면 천사의 광시곡(狂詩曲)인가.

구름을 보면서 나의 상념은 내가 요새 되새겨 보는 '자세'에 대한 그것으로 바뀌어 갔다. 구름이야말로 '자세'의 완벽한 전범(典範)이다 싶었다. 저 구름과 같은 자세로 세상을 살아나갈 수는

없을까. '일흔에 이르러 마음이 하고자 하는 바를 좇아도 법도
를 넘는 법이 없었다'는 공자님 말씀의 경지가 저 구름의 경지
였을까.

어느 틈에 나도 일흔의 문턱을 훌쩍 넘어 버렸다. 이제 와서 새
삼 자세라니. 그러나 인간이 무슨 행위를 하던 자세는 그 알파요
오메가다. 내가 젊었을 때 좀 더 진지하게 자세의 문제를 생각하
고 깨닫고 붙들고 늘어졌던들 나의 인생이 더러는 달라졌을 것
을! 이러한 회한이 스치기도 한다.

운동을 할 때에 바르고 아름다운 자세에서 좋은 결과가 나온
다. 빼어난 운동선수들의 자세가 멋진 것은 우연한 일이 아니다.
그 사이 얼마나 많은 피나는 노력이 있었을 것인가. 그러나 '자
세'에는 몸의 자세뿐만 아니라 마음의 자세도 있다. 그리고 이 몸
과 마음의 자세가 별개의 것이 아니고 서로 하나로 관통돼 있다
는 점에 문제의 심각성이 있다.

눈을 감으면 컴컴한 마음 안 공간에 한 줄기 빛 같은 것이 수직
으로 서서 어른거린다. 실은 이 빛줄기가 조금 굽어 있다. 무심히
굽어 있는 등을 쭉 펴고 자세를 단정히 해 본다. 빛줄기도 곧게 펴
진다. 바른 몸의 자세는 바른 마음의 자세의 나타남이다. 몸의 자
세가 바르게 되면 마음의 자세도 따라서 바르게 된다. 몸과 마음
이 실은 서로 조응(照應)하는 하나의 관계에 있는 것이다. 동기와
결과가 하나다.

바르고 아름다운 자세에서는 좋은 성과가 나오게 마련이다. 그러나 그렇기 때문에 우리가 바르고 아름다운 자세를 추구해야 하는 것은 아니다. 성과의 문제와는 관계없이 바르고 아름다운 자세 자체가 좋은 것이기 때문에 그러한 자세를 좇아야 한다. '자세'는 앞날이 창창한 젊은이에게나 여생이 얼마 남지 않은 늙은 이에게나 똑같이 중요한 문제다.

단 하루를 살아도 바르고 착한 자세로 살아야 한다. 그러면 우리는 진리를 붙들 수 있다. 깨달음의 핵심에 순간 가서 닿는 일. 이것도 자세의 문제일 것이다. 그리스도와 함께 처형된 저 우도는 순간 붙든 빛의 자세로 평생 지은 죄를 모두 씻고 단박에 하늘나라에 들지 않았던가.

유행과 절대 기준

20세기와 작별하고 21세기가 되었지만, 우리 삶의 주변을 둘러보면 크게 달라진 것은 눈에 띄지 않는다. 컴퓨터에 눌려 존망(存亡)이 위협받을 수도 있다는 '종이책'도 여전히 나오고 있고, 또 '시(詩)는 죽었다'는 꽤 굵은 목소리에도 불구하고 시도 아직은 건재하고 있다.

인생과 사물에 대한 가치관도 20세기의 기준이 변함없이 통용되고 있는 것으로 여겨진다. 그러한 기준의 하나로서 '상대적 가치관'을 들 수 있지 않나 싶다. 아인슈타인의 '상대성원리'는 그 이치가 너무도 심오하고 복잡해서 전문가 아닌 사람이 그것을 제대로 이해한다는 것은 바랄 수도 없는 일이지만, 사물은 서로 상대적인 관계에 의해서 스스로의 위상을 갖게 된다는 그 기본개념(엄밀히 말하면 운동에 관한)만은 학문의 모든 분야, 문화의 모든 분야에 파급되어서 엄청난 영향력을 발휘하고 있다. 그리하여 현대는 절대적 기준이라고는 찾아볼 수 없는 '상대적 가치관'의 전성기가 된 느낌이다. 막스 피카드(Max Picard, 1888~1965)의 흉내를 내는 것은 아니지만, 현대는 바야흐로, 분열의 시대, 파편의 시대, 불연속의 시대, 고립(고독 아닌)의 시대, 그리하여 신(神)으로부터 도주하는 시대가 돼버렸다.

여기에서 나는 이른바 '유행'(流行)에 대해서 생각을 하게 된다. '유행'이야말로 상대주의적 가치관에서 피어나는 '허망한 요화(妖花)'가 아닌지 모르겠다. 여성의 옷이 길어졌다 짧아졌다 한다. 남성의 넥타이 역시 길어졌다 짧아졌다, 폭이 넓어졌다 좁아졌다 한다. 이런 정도까지는 그냥 그런가 보다 하고 보아 넘길 수 있겠으나, 요사이 젊은이들에게 유행하는, 터무니없이 길고 큰 신발에 이르러서는 유행의 마성(魔性)이 노골적으로 드러나는 느낌이다. 이 무슨 해괴한 기형인가. 저래가지고 불쌍한 발목 관절이 입는 피해는 얼마나 클 것인가.

사람이 살아나가자면 어느 정도 유행에 순응하는 자세도 필요할지 모른다. 너무 유표하지 않게 남이 하는 대로 따라가는 것도 미덕일 수 있다. 그러나 유행이라고 해서 아무런 판단도 없이 스스로를 기형적 어릿광대로 전락시킨다는 것은 이미 마음에 깊은 병이 들었다는 징후가 아닐 수 없다. 이러한 '병'을 이용해서 상인들은 눈뜨고는 볼 수 없는 폭력적인 선전으로 유행의 칼을 마구 휘두르고 있고, 대중은 그 흉계에 번롱당하고 있다.

오늘날 보통 시민 한 사람이 누리는 에너지(생활을 편리하게 해 주
는)의 양은 옛날 왕이 누렸던 에너지의 약 50배 쯤이 된다고 한다.
그만큼 생활이 풍요로워진 것이지만, 현대인은 상대주의적인 가
치관에서 벗어나지 못하고 있기 때문에 마음의 빈곤에서 허덕이
는 것이다.

인생에 대한 나만의 '절대 기준', 이런 것을 찾아내야 유행의
올가미에서 벗어날 수 있지 않을까.

날씨

19세기 영국의 천재 시인 존 키이쓰는 "맑은 날씨처럼 나를 기쁘게 하는 것은 없다"고 말하였다. 푸른 하늘을 우러러보며 기뻐하는 마음만은 나도 키이쓰에 뒤지고 싶지 않다. 아니, 누구나가 다 그럴 것이다.

오늘은 신랑 신부가 혼례식을 치르며 백년가약을 맺는 날, 이제 막 혼례식의 시작을 알리는 팡파르가 울려 퍼진다. 그런데 오늘 날씨가 더 말할 나위 없이 좋다고 하자. 구름 한 점 없이 맑게 갠 하늘, 하늘에서 해는 대지를 쓰다듬듯 빛나고 있고, 어디선지 솔솔 바람까지 불어온다. 이거야말로 하늘이 내려주시는 축복의 미소가 아니고 무엇이겠는가. 이럴 때엔 주례 서는 사람도 마음이 한결 가벼워진다. 날씨 얘기가 주례사의 도입부를 자연스럽게 도와주며, 이렇게 시작된 주례사는 그 후도 술술 풀려 더러는 '명주례사'라는 찬사도 듣게 되는 것이다. 뿐만 아니라 혼례식에 모인 하객들 역시 날씨로 미루어 점을 쳐서 신랑 신부의 미래에 대해 덕담 섞인 예언들을 하는 것이다.

그런데 이렇게 좋은 '좋은 날씨'가 철두철미 우리의 뜻이 아니라 하늘의 뜻이다. 어째서 어떤 때는 하늘이 온화한 날씨로 우리를 축복해 주는가 하면 어떤 때는 뭍에서 멀리 떨어진 바다에서 사나운 폭풍우가 일게 하여 졸지에 많은 과부와 고아를 내게 하는지 우리는 그 뜻을 헤아릴 길이 없다. 날씨에 관한 한 우리는 역시 심한 시련에 들지 않게 해 주십사고 하늘에 비는 수밖에 없다.

그런데 여기서 나는 또 하나의 날씨를 생각해 본다. 바로 우리 '마음 안의 날씨'다. 인간은 환경과 더불어 살아가는 만큼 바깥 날씨에 따라 기분이 좋아졌다 우울해졌다 하는 것이 어느 정도 자연스러운 일이기는 하지만, 그렇다고 해서 우리 마음이 바깥 날씨의 철저한 노예가 되라는 법은 없지 않은가. 우리의 의지는 무엇인가. 우리의 의지는 바깥 날씨에서 완전 독립할 수 있는 자주적이며 자유로운 존재가 아닌가. 이런 정도의 자유도 행사할 수 없다면 우리는 어엿한 인간으로서는 결격사항을 지니고 있는 것이 아닐까.

바깥 날씨가 아무리 험상궂어도, 우리의 '마음 안 날씨'는 맑게 개어 있고, 마음 안의 호수에서는 쪽배 하나가 유유히 떠서 어디론가 향해 평화로이 흘러갈 수 있는 일이다. 마음가짐과 의지적인 노력과 꾸준한 수련에 의해서 우리는 늘 마음 안에 맑음과 감사와 화평을 간직할 수 있는 일이 아니겠는가.

마음 안의 날씨만은 365일 하루하루가 다 맑게 갠 날. 이쯤 되면 그야말로 높은 경지일 것이며, '일일시호일'(日日是好日)이란 바로 그런 경지를 두고 하는 말이 아닌가 싶다.

오늘도 나는 마음 안 날씨의 가랑비를 맞으며 이런 몽상을 해 본다.

먹을 수 있는 보석
-피땀과 정성이 배어 있는 쌀알 한 톨-

쌀알 몇 톨을 들여다본다. 볼수록 그 신비한 생김새와 빛깔에 넋을 잃는다. 반투명의 쌀알의 깊이를 헤아리려 하다가 그만 상념의 시공(時空)에서 길을 잃는다. 세상에 이런 보석이 있는가. 이 보석은 먹을 수 있는 보석이다.

이 보석은 살아 있는 보석이다. 그 자체 살아 있을 뿐만 아니라 생명의 진기가 득실 고여 있다. 세상에 이보다 귀한 보석이 있는가.

그런데 이 쌀알 한 톨은 값으로 해서 얼마나 될까. 쌀 한 되에 천 원이라 쳐서 몇 '전'이나 될는지 모르겠다. 거의 무값(공짜)이나 다름이 없다. 같은 크기의 다이아몬드와 비교해서 얼마나 겸손한 값인가. 공기, 물, 쌀, 세상에 정말로 귀한 것은 원래 다 거저였다.

사람들이 그 고마움을 잊기 시작하면서부터 이런 것들에 값이 붙기 시작했다. 요새는 물은 물론이요 공기도 팔린다. 인간의 생존에 비상이 걸리기 시작했다.

쌀알을 구성하고 있는 요소들은 또 어떤 것들인가. 화학적인 성분을 말하는 것이 아니다. 정신적인 성분, 영혼의 차원의 성분, 그런 것을 생각해서 하는 말이다.

쌀알에는 농부의 피땀과 정성이 배어 있다. 뜨겁게 타는 태양의 심장이 박혀 있다. 방랑하며 서늘히 식히는 바람의 혼령이 깃들어 있다. 땅의 온갖 자양이 스며있다. 물이 이러한 모든 것을 두루 반죽하고 개서 단단한 보석으로 결정(結晶)시킨다. 그리하여 쌀알의 무게는 제법 목곤하다. 쌀 한 말을 지고 5리만 걸어 보라. 쌀의 무게를 실감할 것이다.

먹을 수 있는 보석이 어찌 쌀알뿐인가. 가을 들녘에 득실 열리는 온갖 과일도 모두가 먹을 수 있는 보석이 아닌가. 위엄 있게 무장한 호위병인 양, 겹겹으로 둘러싼 껍질들이 지키는 그 한가운데에 들어 있는 밤알은 얼마나 보기 좋고 큰 보석 덩어리인가. 또 석류알은 어떤가. 세상에 석류알보다 더 빛나는 빛을 뿌리는 보석이 또 있는가. 그런데 그 석류알 보석을 깨물어 보니, 그 맛은 시디시구나! 이 신맛, 석류알이 나에게 전하려 하는 그 맛의 메시지의 뜻은 과연 무엇일까.

들녘에는 온갖 먹을 수 있는 보석들이 주렁주렁 열려 햇빛 속에

일용할 양식
2009. 7. 31
성찬경

서 눈부신 칠색 무지갯빛으로 반짝이는 계절, 가을이다. 가을은 우리가 이러한 천지만물을 만들어 주신 조물주에게 감사를 바쳐야 할 계절이다. 이토록 신비로운 하늘과 땅 사이에서 우리는 우리에게 차례가 온 시간을 채우며 하루하루를 숨쉬며 살아갈 수 있는 이 신비에 대해서 아무리 바쁜 가운데에서도 잠시 맑고 깨끗한 시간을 내어 찬미와 감사를 바쳐야 한다.

> 하느님,
> 백성들이 당신을 찬양하게 하소서.
> 백성들이 당신을 찬양하게 하소서.
>
> 땅에서 오곡백과 거두었으니
> 하느님, 우리 하느님의 축복이라.
> 하느님, 우리에게 축복하소서.
> 온 세상 땅 끝까지 당신을 두려워하게 하소서.

이렇게 읊은 시편(67편) 작자의 마음과 우리의 마음이 다를 이유가 무엇이 있겠는가.

또 한 해를 보내며

한 해가 또 저물어가고 있다. 시간이야 본시 이음매 없이 이어지는 영원한 그 무엇이지만 사람은 영원의 상(像)을 견디지 못한다. 그래서 순환의 원리를 적용하여 시간을 토막내고 토막과 토막이 이어지는 매듭을 상정(想定)하였다. 그 매듭 중의 하나가 정초 또는 설날이다. 말하자면 설날은 시간의 웬만큼 큰 정거장이라 할 수가 있다.

이 정거장에서 우리는 각자 흘러간 시간에 대해서 반성도 하고, 또 앞으로 올 새 시간을 (이번 만은) 뜻있게 맞이하려고 비장한 각오로 결심도 해 보고 또 무슨 계획도 세워 보고 한다. 이렇듯 한 해를 보내고 맞이하는 이 시기는 참으로 좋은 시기이다. 그러나 아무래도 한 해를 여의게 되는 세모는 아쉬움과 뉘우침이 더 많을 수밖에 없는 것이 우리 인간의 숙명이 아닌가 싶다.

여기에서 나는 '유종의 미'란 말을 음미해 보며 마음이 좀 착잡해진다. 세상에는 무수히 많은 아름다움이 있겠으나 그 중에서 제일 소중한 미가 바로 이 유종의 미가 아닐까? 유종의 미를 거두기는 또 그만큼 쉽지 않다. 아, 마무리가 얼마나 어렵고도 중요한가 하는 것을 나는 평생을 통해서 뼈저리게 느껴온 셈이다. 내가 지금까지 해온 일마다 마무리를 더 잘 했더라면 나의 인생이 지금과는 판이하게 달라져 있을 것을! 마무리에 관한 한 나는 최열등생이라는 자괴가 가슴을 아프게 한다.

그러나 아무리 실패를 거듭해도 완전히 단념할 수가 없어 다시 한 번 도전해 보고 싶은 심리 또한 우리 안엔 있는가 보다. 해가 바뀌는 이 시간의 정거장에 즈음하여 나는 문득 나를 이끌어 줄 삶의 목표를 이것저것 머릿속에 그려보며 가벼운 흥분에 싸이는 것이다.

아, 새해에는 조금이라도 더 아름다운 삶, 진리에 가까운 삶을 실현해 보아야지. 아름다운 삶, 진리의 삶이 뭐 그리 별난 것도 아닐 것이다. 해야 할 일을 제 때에 하며, 바른 자세로 물 흐르듯 자연스럽게 살아나가면 그것이 곧 아름답고 진리에 가까운 삶이 아닐까. 그것이 그리도 힘들단 말인가.

유종의 미, 유종의 미 하지만 그 중에서도 으뜸으로 소중한 유종의 미는 사람이 이 세상을 하직하는 죽음일 것이다. 유종의 미를 거두려는 모든 연습도 이 죽음을 위한 연습이라 할 수가 있다. 아름답고 뜻있는 죽음만은 우리의 의지만으로 되는 일이 아닐 것이다. 우리는 항상 겸허한 마음으로 마지막 관문인 죽음에서 유종의 미를 거둘 수 있게 해 줍시사고 은총을 비는 수밖엔 없다.

5부

시지프의
행복

시인 바오로 사도

인류 최대의 시인 예수님

사도 바오로의 시인적 자질은 어느 정도인가. 만약에 성 바오로 사도가 복음을 전하는 일 대신에 시 쓰는 일에 전념했더라면 시인으로서 어느 정도의 성과를 거두었을 것인가. 이것이 이 글의 주제다. 아마 전 세계적으로는 몰라도 우리나라에서는 처음 보게 되는 주제가 아닐까 한다. 쉬운 과제가 아니다. 허나 내가 이 글 쓰는 일을 맡은 것은 전에 「예수님은 시인」이라는 시를 썼는데, 졸시이긴 하지만 이 시가 한 기준이 되어주지 않을까 하는 믿음이 있기 때문이다.

며칠 전 내가 소속돼 있는 본당 신부님이 강론에서 '사도 바오로는 예수님이 순간 만들어내신 예수님의 작품입니다' 하고 말씀하셨다. 나는 순간 큰 문제의 해답이 풀리는 것 같은 느낌을 받았다. 사람이 예수님의 작품! 그렇다면 바오로 사도의 시인적인 기질의 유무는 의심의 여지가 없다. 피조물은 그것을 만든 이를 닮게 마련이다. 예수님이 어떠한 시인이신가!

나의 시 「예수님은 시인」 얘기로 돌아와서 나는 이 시에서 순수 시인의 관점에서 보더라도 '예수님은 바로 서양시의 총 대부 격인 고대 그리스의 호머의 아버지'라고 단정했다. 이 말은 이를테면 그렇다는 거지 하면서 쓴 수사학적 과장이 아니라 나는 문자 그대로 예수야말로 인류가 낳은 최대 최고의 시인이라고 단언한다.

「예수님은 시인」이라는 시는 어쨌든 나의 마음에 드는 시인데, 여기에서 나는 훌륭한 시인으로서의 조건을 몇 가지 열거했다. 첫째 은유나 비유를 잘 다룰 줄 아는 사람, 둘째 거룩한 정열, 셋째 아름다움, 넷째 감동, 생명력 진실성 진리성 이런 정도였다. 이렇게 생각해 볼 때 예수님은 문자 그대로 유사 이래 최대의 시인이 되는 것이다. '솔로몬의 영화도 들에 핀 한 떨기 꽃만 못하다' 이렇게 아름다운 비유를 쓴 시인이 예수님 말고 또 있단 말인가. 『신약성경』이야말로 온갖 보석처럼 빛나는 비유의 보고가 아닌가. 예수님의 그 거룩한 불꽃(정열)을 당할 사람이 누가 있단 말인가…….

'예수님의 작품' 바오로 사도

이런 기준에 비추어 볼 때 바오로 사도 역시 대단한 시인이라는, 아니면 대단한 시인적 기질도 겸비하고 있는 위인(爲人)이라는 생각을 굳히게 된다.

예수님이 뽑은 제자치고 정도의 차이는 있을지언정 시인적 기질이 없는 사람은 없다고 단정해도 좋다. 저 냉철한 토마스 사도 역시 어지간한 시인이었을 것이다. 아마 예수를 배반한 유다가 제일 시인적 기질에도 떨어졌을는지도 모른다. 본질적으로 '시인'이 아니고서는 예수의 제자가 될 수 없는 이유가 또 한 가지 있다. 그것은 '그리스도교'의 교리 자체가 하나의 커다란 역설(paradox) 위에 서있다는 사실이다. '육에서 죽고 영에서 영생한다' 이 이상의 역설적 진실이 어디 또 있는가.

오랜 세월을 두고 발전해 온 서양 시학(詩學)의 끝이 '아이러니'와 역설이라고 해도 과언은 아니다. 우리는 역설의 표준적 표현으로서 T. S. 엘리엇의 '4월은 잔인한 달'이란 시구를 기억한다. 4월이 왜 잔인한가? 생명과 부활의 계절인데? 4월이 참된 욕망을 불러일으키지 않고, 실현 불가능한 욕망만 꿈틀거리게 한다면 죽음과 망각의 겨울에 비해서 차라리 잔인하다 함에 오히려 진리성이 깃든다. '죽어야 산다'는 그리스도교의 교리와 일맥상통하는 데가 있다.

다마스쿠스에 가는 도중 가자에서 넓은 의미의 예수님의 벼락을 맞고 눈이 멀게 했다가 전연 새로운 사람으로 태어나게 하는 예수님의 '작품 만들기'는 그 자체 참으로 영감적이며 시적이다. 이런 '작품'의 대상으로 뽑힌 사도 바오로에게 시인적인 기질이 없을 리 있겠는가.

　설교가로서의 바오로 사도의 저 위대한 역량과 솜씨에 대해서
는 여기에서 더 췌언(贅言)을 늘어놓을 필요가 없을 것이다. 논리
적이며 치밀하고, 대범하며 자상하고, 열성적이며 겸손하고, 부
드러우면서도 확신에 차있는 바오로 사도와 같은 대문장가 대설
교가가 또 어디에 있겠는가. 그러나 아무리 그렇더라도 어떤 글
에 시적인 감흥이 없다면 사람들에게 결정적인 감동을 주지는 못
하는 것이 아닐까. 바오로 사도의 13편을 헤아리는 서간에 흐르
는 감동은 어디에서 오는 것일까? 그것은 역시 13편의 서간 전체
에 떠도는 시적인 표현 시적인 감흥에서 오는 것이 아닐까! 나는
이번에 이런 생각에 확신을 갖게 되었다.

바오로 서간에 나타난 시적 표현들

　바오로 사도의 시인적 기질, 시적 표현 능력은 대단한 것이다.
바오로 사도 역시 비유의 명수이기도 하지만 그의 시적 표현의
비밀은 역시 그의 역설적 표현의 묘에 있지 않을까 하는 생각을
하게 되었다. 그러한 그의 시적 표현을 모으는 마음으로 밑줄을
쳐가며 그의 서간을 읽어나갔더니, 그러한 곳이 도처에 너무 많
이 나와 여기에서와 같은 짧은 글에서는 도저히 일일이 다 열거
할 수가 없겠다고 느껴졌다. 그럼에도 불구하고 보기 삼아 그런

구절들을 모아보려 한다.

사실 우리는 희망으로 구원을 받았습니다. 보이는 것을 희망하는 것은 희망이 아닙니다. 보이는 것을 누가 희망합니까? 우리는 보이지 않는것을 희망하기에 인내심을 가지고 기다립니다(로마 8,24-25).

지식은 교만하게 하고 사랑은 성장하게 합니다. 자기가 무엇을 안다고 생각하는 사람은 마땅히 알아야 할 것을 아직 알지 못합니다. 그러나 하느님을 사랑하는 사람은, 하느님께서도 그를 알아주십니다(1코린 8,1-3).

세상에는 물론 수많은 종류의 언어가 있지만 의미가 없는 언어는 하나도 없습니다(1코린 14,10).

이 계약은 문자가 아니라 성령으로 된 것입니다. 문자는 사람을 죽이고 성령은 사람을 살립니다(2코린 3,6).

보이는 것이 아니라 보이지 않는 것을 우리가 바라보기 때문입니다. 보이는 것은 잠시뿐이지만 보이지 않는 것은 영원합니다(2코린 4,18).

『서간』 전체를 통해서 그야말로 시의 보고라 할 수 있는 것이 「코린토 신자들에게 보낸 첫째 서간」이다. 저 유명한 '13장'의 '사랑의 노래'가 들어 있기 때문이기도 하지만, '사랑의 노래'가 아니더라도 「코린토 신자들에게 보낸 첫째 서간」 전편에 넘치는 시정(詩情)은 참으로 감동적이다. 그 중 3장 6절부터 9절까지를 인용하겠다.

나는 심고 아폴로는 물을 주었습니다. 그러나 자라게 하신 분은 하느님이십니다. 그러니 심는 이나 물을 주는 이는 아무 것도 아닙니다. 오로지 자라게 하시는 하느님만이 중요합니다. 심는 이나 물을 주는 이나 같은 일을 하여, 저마다 수고한 만큼 자기 삯을 받을 뿐입니다. 우리는 하느님의 협력자고, 여러분은 하느님의 밭이며 하느님의 건물입니다.

참으로 시정 넘치는 글이다. 비유적 언어가 알게 모르게 깔려 있다. '심는다'도 '물을 준다'도 다 비유적 표현이다. '밭'과 '건물'도 은유를 꾸미는 '이미지'임은 말할 것도 없다.
'내가 인간의 여러 언어와 천사의 언어를 말한다 하여도/ 나에게 사랑이 없으면/ 나는 요란한 징이나 소란한 꽹과리에 지나지 않습니다'의 구절에서 시작하여 '사랑은 참고 기다립니다./ 사랑은 친절합니다./ 사랑은 시기하지 아니하고/ ……'가 포함돼 있는 13장 전체의 시의 품격을 무슨 말로 평가할 수 있을까!

그 스승에 그 제자

어느 의미에서는 '사랑 시'를 가장 잘 쓰는 시인이 가장 빼어난 시인이라고 말할 수도 있지 않을까. 세상에서 이보다 더 빼어난 '사랑 시'를 볼 수 있을 것인가. 여기에서의 '사랑'은 사랑치고도 최고로 순수한, 가장 승화된 사랑을 말한다고 해야 할 것이다. 그리고 그런 '사랑'은 사랑의 가장 높은 단계인 '아가페적인 사랑'을 가리키고 있다는 것도 여러 설명이 필요치 않을 것이다. 그러한 사랑의 화신(化身)이 바로 예수 그리스도다. 바오로 사도의 이 '사랑 시'야말로 세상의 모든 사랑의 기준(canon)이 될 수밖엔 없다. 그리하여 이 바오로 사도의 시는 혼례식의 주례사에서부터 심오한 철학 논문에 이르기까지 품격의 높고 낮음을 가릴 것 없이 가장 빈번하게 회자되고 있다. 그리고 이것으로도 바오로 사도는 깊고 큰 시인이라는 사실을 드러낸다.

참으로 예수님과 바오로 사도는 그 스승에 어울리는 그 제자다. 물론 시인으로서의 자질은 바오로 사도가 예수님과 도저히 비교될 수 없다. 사람의 아들 예수는 예수만한 크기의 독보적인 큰 시인이다. 그러나 바오로 사도도 바오로 사도만한 크기의 시인이라는 사실을 부인할 수는 없을 것이다. (2009. 3)

일세(一世)의 사표(師表), 한국 현대시의 예언적 선각자, 삶과 존재의 길을 탐구함에 있어 아무도 따를 수 없는 경지를 실천하고 떠나신 공초 오상순 선생의 유덕을 기리는 '공초문학상'의 제14회 수상자로 뽑힌 것을 저는 다시없는 영광으로 생각하며 이 상이 제게 차례 온 뜻을 깊이 아로새기겠습니다.

'공초문학상' 하면 제게는 잊혀지지 않는 뚜렷한 기억이 있습니다. 2년 전에 별세하신 구상 선생께서 1990년을 조금 넘겨, '공초문학상' 제정을 위해서 애쓰셨던 일입니다. 매사에 여유가 있으셨던 구상 선생께서 그렇게 동분서주하시는 모습을 저는 뵌 적이 없었습니다. 그때 기금 마련을 위한 전시회에 저도 어쭙잖은 솜씨로나마 무엇인가를 그리고 쓰고 해서 출품했었습니다. 그 물건이 지금도 어딘가에는 있을 것입니다. 그리고 서울신문사와의 약조도 잘되어 '공초문학상' 제정의 일이 완결되었을 때 구상 선생은 마치 이젠 이 세상에서 마지막 할 일이 끝났다, 하는 그러한 표정이셨습니다. 도대체 공초 선생이 어떠한 분이시기에 구상 선생이 저토록 그분 일에 심혈을 기울이시는가? 이런 의문이 제 머리에 스쳤던 것이 사실입니다.

그뿐만이 아니고 구상 선생은 기회 있을 때마다 서슴없이 '공초 선생이야말로 현대 한국사에서 으뜸가는 인물'이시라고 언명하셨습니다. 그리고 구상 선생은 그러한 인물평의 이유를 꼭 말씀하셨습니다. '그분만큼 절대 무소유를 사시다가 간 분이 없거든!' 여기에서 이 '으뜸간다'는 말에는 '단연 제 1이라 할 수밖에 없는', '타의 추종을 불허하는'과 같은 문자 그대로 '군계일학'이라는 뜻이 깃들어 있는 것으로 저는 느꼈습니다. 그리고 또 이 '인물'이라는 말에는 정치 경제 사회 교육 종교 문화의 모든 분야에 걸친 인물을 총망라한다는 의미가 있다고 저는 느꼈습니다. 과연 공초 선생은 그러할 만한 존재이셨는가?

그런데 저는 여기서 저 개인적인 말씀을 드려야겠습니다. 구상 선생은 제가 저의 평생에서 만난 둘도 없는, 정신과 예술과 삶의 스승이십니다. 인생과 예술과 윤리관이 한 사람 안에서 구상 선생만큼 혼연한 하나가 되어 있는 분을(인물을) 본 적이 없습니다. 저는 구상 선생만큼 사물을 바로 깊이 보고 또 늘 마음을 열어놓고, 한껏 이웃사랑을 실천한 사람을 달리 알지 못합니다. 그리고 무엇보다도 그분이 언명(言明)하셨던, 또 실천하셨던 시작상(詩作上)의 원칙에서 깊은 감명을 받았습니다. 즉 구상 선생의 시작상의 계명이란, '시 안에 들어 있는 시어의 배후에는 반드시 그 시어의 뜻과 일치하는 등가량(等價量)의 진실이 들어 있어야 한다'는 것입니다. 말하자면 '언험일치(言驗一致)의 원리'라고도 함직한 이 말은, 말은 쉽지만, 이 한 마디의 말이 시인에게 얼마나 큰 부담이 되겠는가 하는 것은 상상하기도 힘들 정도입니다. 그러나 구상 선생은 시작에서 끝까지 이 원칙을 관철하셨습니다. 구상 선생은 지금도 변함없이 제가 마음으로부터 깊이 흠모하는 저의 훈도자요 스승입니다. 그런데 구상 선생께서 하시는 말씀이니 저는 공초 선생에 대한 이 인물평을 100퍼센트 일단 믿을 따름이었습니다.

제가 1956년에 시단에 나온 후 저도 가끔 '청동다방'에서 공초 선생님을 뵈었습니다. 상아 파이프에 궐련을 끼우시고 하루 종일 줄담배를 피우시며, 어떤 사람이 곁에 와도 무척 반기시며, 담소하시던 공초 선생에 대해서 한편으로는 외경을 느끼면서도 또 한편으로는 신기하다는 느낌을 받았던 것이 아마 사실일 것입니다. 그 유명한 '스케치북'에 저도 한두 번 끄적끄적 낙서한 적이 있었으므로 지금도 거기에 그 낙서가 남아 있으리라 생각합니다만, 그 낙서의 내용이라는 것이 보나마나 미숙하고 건방진 객기의 표출이었을 것이니 민망하기 이를 데 없습니다.

지금에 와서 생각하니 그러한 길을 가신 공초 선생의 크기와 깊이를 더러 느낄 수 있는가 싶습니다. 성경에서, '오늘 걱정은 오늘로 족하니 내일 일을 걱정하지 마라'고 했고 또 '하늘을 나는 새를 보라, 어디 먹을 것 걱정하느냐. 너희들도 걱정하지 마라' 했습니다. 정말 그럴까요? 이치대로라면 사람은 우주의 총아이니 우주의 큰 사랑만 굳게 믿으면 집 걱정, 옷 걱정, 먹을 것 걱정은 저절로 해결이 되는 것일까요? 식구의 생존이 달려 있는 저금통장의 액수가 10만 원 이하로 내려가는데, 인간이 존귀하다는 이러한 철리만을 믿고 태연할 수 있는 사람이 과연 얼마나 될까요?

그런데 공초 선생은 그러한 기적의 삶을 사셨습니다. 아마 공초 선생은 절대적 무심의 경지에서 천지의 인(仁)을 믿고 백척간두에서 몸을 내던지셨을 것입니다. 그랬더니 추락하는 대신에 하늘에서 선녀가 내려와서 그 옷깃으로 공초 선생을 떠받쳐 주었던 것이 아니었나 싶습니다. 역시 성경에 '마음이 가난한 사람은 행복하다' 하였는데, 공초 선생은 철두철미 마음 가난한 삶으로 무심과 무소유의 평생을 일관하셨습니다. 말로는 쉬워도 실천하기란 가장 어려운 경지를 사신, 그만한 도력이 있으셨던 공초 선생이야말로 현대 한국에서, 정치 사회 예술 교육을 아우르는 모든 분야에서 으뜸가는 인물이라고 평하는 것이 조금이라도 과장이라고 할 수 있을까요? 우리 글 쓰는 사람은 공초 선생 같은 분을 으뜸가는 인물로 평가하게 되는 그 평가의 기준과 척도를 확립시키는 일을 위해서 싸워나가는 것이 아닐까요.

우리 삶의 사표로서 뛰어났을 뿐만 아니라, 예언자의 풍모를 지녀야 할 시인으로서도 공초 선생은 크신 선각자임을 저는 느낄 수가 있습니다. 공초 선생의 「아시아의 마지막 밤 풍경」에 나오는

태양은 연소하고 자극하고 과장하고 오만하고 군림하고 명령한다.
그리고 남성적이요 부격(父格)이요 적극적이요 공세적이다.
따라서 물리적이요, 현실적이요 학문적이요 자기중심적이요 투쟁적이요 물질적이다.

이러한 구절은 오늘날 우리 시가 나아가야 할 방향을 명료하게 가리키고 있습니다. 저의 짧은 생각인지는 모르겠으나 우리 시는 신시 100년의 역사가 지났음에도 불구하고 여전히 지나치게 주정적(主情的) 서정적 여성적 식물적인 차원에 머무르고 있으며, 따라서 시가 아무래도 문약(文弱)하여 이 점이 우리가 고쳐나가야 할 점이라고 사료됩니다. 공초 선생은 이 점을 일찌감치 꿰뚫어보신 것이 틀림없습니다.
그리고 「방랑의 마음」에 나오는 다음과 같은 시구

흐름 위에 보금자리 친
오오, 흐름 위에 보금자리 친
나의 혼

이런 시구는, 저로서는 신시 100년사에서 하나를 뽑으라면 이 것을 뽑을 수밖에 없는 그러한 절창입니다. 어디에서 와서 어디로 가는지는 알 수 없지만 우리의 영혼은 '지상의 나그네'로서 육신 에 '보금자리를 친' 채 이승을 건너가고 있습니다. 그런데 이 세상 은 고대 희랍의 철학가가 말했듯이 '만물은 흐르며' 우리가 겪는 제행은 무상입니다. 그래도 우리의 영혼은 견딥니다. 공초 선생의 이 구절은 어딘지 모르게 영혼의 불멸을 노래하고 있는 듯한 여운 이 있습니다. 그러한 영혼이 안간힘을 써가며 참고 견디며 기다리 고 있는, 가련하면서도 꿋꿋한 모습이 이 시구에 잘 드러나 있지 않습니까. 공초 선생의 이러한 절묘한 시구는 그분이 실천하신 구 도의 깊이와 결코 무관하지 않다는 것이 저의 생각입니다.

공초 선생과 구상 선생의 시혼(詩魂)에 힘입어서 앞으로 저는 겸허 한 자세로 시와 미(美)의 길을 갈 것을 이 자리에서 다짐해 봅니다.

바쁘신데도 왕림하시어 이 자리를 빛내주신 하객 여러분과, 미 흡하기만한 저의 작품을 수상작으로 선정해 주신 심사위원님과, 역시 어려운 걸음을 하시어 축사와 격려의 말씀을 해 주신 두 분 선생님, 그리고 '공초문학상'의 운영을 맡아 애써주시는 〈서울신 문사〉의 여러분께 고개 숙여 깊은 감사를 드립니다.

---

2 2006년 7월 14일 제 14회 공초문학상 '프레스센터' 시상식에서

작은 고백

　내가 천주교에 입교하기 전부터 나에게는 영성의 지도자라 할 수 있는 스승이 계셨다.

　그 K선생님[3]은 또, 대학에서 철학을 강의하셨으므로 철학이 나의 전공은 아니지만, 나는 되도록 그 선생님의 강의를 듣도록 했다. 강의를 통해서, 또는 사적으로 내게 들려주시는 말씀을 통해서, 나는 그 영양가가 지나치지 않을까 싶을 정도로 진기 있는 영혼의 양식을 그 선생님으로부터 얻은 셈이다. K선생님은 조금도 강요하는 뜻이 없이 천주교에 관해서도 늘 말씀해 주셨다. 자상하시기 이를 데 없고, 또한 그것에 못지않을 만큼 진지하신 그 선생님의 말씀에서 나는 적어도 헤아릴 길이 없는 깊은 진리의 심연을 들여다 볼 수 있었던 것처럼 느꼈던 것이 사실이다. 그래서 그 선생님 앞에선, 나 역시 진지한 표정으로 늘 고개를 끄덕이며 귀를 기울일 뿐이었다. 허나 나는 그 무렵, 아무리 시간이 지나도 천주교에 입교할 생각은 하지 않았다. 그 선생님의 말씀이 내게는 다시 없이 소중한 가르침이었음에는 틀림없었으나, '가톨릭'이라는 진리의 체계가 그 당시 내 안에 도사리고 있던 나 나름의 생각 — 도저히 무슨 계통이 서 있는 사상이라고는 할 수 없었으나, 그저 막연히 느끼고 상상한 시적 상념 같은 것과 잘 조화가 될 것 같지 않아서 차라리 가톨릭을 어느 정도 경원했었다. 다시 말해서, 그 당시 이미 상당히 굳어 있었던 나의 '에고'가 그 선생님의 말씀을 '육화'(肉化) 해낼 수가 없었던 것이다.

지금의 나는 이미 '가톨릭'에 들어와 있지만, 기왕에 '가톨릭'에 입교하도록 돼 있었을 바엔, 왜 그때 못했을까 하는 것이 지금에 와서도 나의 가벼운 자조(自嘲) 거리다. 즉 그것이 어쩐지 나라는 사람의 한계를 말해 주는 것 같아서다. 진리를 듣고 감명을 받았을 때 소아에 구애됨이 없이, 너절한 것은 다 버리고 흔연히 그 진리의 문을 두드렸다면, 그 동기가 얼마나 갸륵하고, 순수하고, 늠름했었겠는가 말이다. 또한 K선생님께도 얼마나 면목이 섰겠는가 말이다. 그렇게 못했으니, 나라는 위인(爲人)이 어쩔 수 없이 옹졸하게 느껴지는 것은 어쩔 수 없다.

그 후, 또 꽤 오랜 시간이 지나서 나는 지금 나의 아내가 된 사람과 같은 날, 같은 자리에서 영세를 했다. 지금의 나의 처형과 처제는 그 당시 이미 수도자였다. 나의 대부는 바로 그 K선생님이시고, 나의 아내의 대모는 바로 그 K선생님의 부인이시다. 우리는 영세한 지 열흘 후에 혼배성사를 가졌다.

이 매우 짤막한 사실의 제시가 너절하게 늘어놓는 긴 설명보다도 오히려 시원하게 나의 입교의 직접적인 동기를 풀이해 줄 것이다. 그것은 순 '로고스'의 작용에서 나온 것이 아니라 현실의 생활과 직결되어 있는 것이다. 이 점이 바로 앞서 말한 나의 '자조'와 관련이 있는 것인데, 이런 뜻을 영세 전후해서 K선생님께 말씀드렸더니, K선생님께선 오히려 그게 당연하다는 듯이, "모든 것에는 바로 그것이 이루어지는 때가 있는 법"이라고만 뜻 깊은 말씀을 해 주신 것이 지금도 생생하게 기억된다. 이 말씀이 나에게 얼마나 큰 힘과 위안을 주었는지 모른다. 나의 가냘픈 신앙의 동기가, 비록 내가 자조하는 면이 있음이 사실이나 그것이 이론이나 이념 따위가 아닌, 나의 삶과 이어져 있다는 것이 실은 내게는 더욱 소중하게 여겨지는 연유이기도 하다. 문자 그대로 나의 가냘픈 신앙은 바로 나의 삶이요, 숙명이기 때문이다.

영세하기 위해서 집을 나설 때, 나는 나의 아버님께 인사를 드렸다. 그것은 하나의 '작별'인사나 다름이 없었다. 철두철미 유교의 전통에 뿌리를 박고 평생을 지내오신 아버님께는 맏아들인 내가 '서학'에 들어간다는 것은 바로, 정신적으로 당신을 배반하는 것으로밖엔 풀이되지 않았을 것이다. 매사에 있어서 감상과는 거리가 먼 아버님이 "그럼, 갔다 오너라" 하시며, 마치 나를 영영 돌아오지 않을 먼 이국에라도 내보내듯, 울먹이시던 그 표정이

너무도 가슴에 꽉 박혀서 나는 성당으로 가는 도중 내내 마음속
에서 울었다. 내가 교회에 들어가는 그 순간부터 내 안에서는 적
지 않은 모순이 이미 잉태되고 있었던 것이다. 입교 이후 지금껏
나의 가냘픈 신앙과 나의 '에고'와의 모순과 갈등이 몇 가지 꽤
심각하게 내 안에 도사리고 있는 게 사실이다. 그 일례는, 필연적
으로, 나의 시에 담아야 할 사상의 내용이 급변함으로써, 영세 이
전의 시와 그 이후의 시와의 단층을 어떻게 연결, 조화시키느냐
하는 문제이다. 허나 마음 안에 모순이 도사리고 있다는 것은 어
떤 의미에서는 즐거운 과제이기도 하다. 언제부터인가 나는 이러
한 모순을 품은 상태에서 살아가는 것이 숙명처럼 돼버렸다. 모
순을 모순대로 가만히 정관(靜觀)하고 달래면서 살아나가는 것이
다. 영세 이후 만 8년이 지나는 동안에 어느 틈엔가 서서히 변모
돼서 이미 그 자취가 희미해진 '모순'도 있다. 또 그 밖의 그러한
'종자'(種子)들도 풀려버릴 '때'가 따로 있을 것이다. 첫영성체를
했을 때의 그 강렬한 감명은 나의 뇌리에 섬광처럼 번쩍였다. 아
마 하느님께선 이 딱한 사람을 불쌍히 여기시어 은총을 내려주신
것 같다. 그 후, 너무도 당연한 말이지만, 하느님과 나를 이어주는
원리의 핵심이 이 영성체를 두고 따로 있을 리 없다. 사실 그 이외
의 교리 같은 것은 내게는 아무래도 좋다고 느껴지는 것이 나의
숨김없는 실감이요 고백이다. 또한 입교 이후 지금까지 외람된
말이 되겠으나, 나는 그런대로 마음의 평화와 '일일시호일'(日日是

好日)의 상태를 조촐하게 누려오고 있다. 좌절이라 할 만한 일을 아직은 뼈저리게 느끼지 못하고 있다는 일. 이것은 바로 십자가 위에 못 박히신 예수님의 고뇌를 그 몇 천 분의 일이라고 생생하게 체험하고 따르려는 가열(苛烈)한 의욕이 없는 증거가 될 것이므로, 부끄럽기 이를 데 없는 일이다. 그러나 나는 아직도 이런 단계에 머무르고 있다. 내가 입교하기 전에 나는 투병으로 죽을 고비를 몇 번 넘겨야 했던 적이 있다. 그때 만약에 내게 신앙이 있었더라면, 나의 신앙의 양상은 달라졌을는지도 모른다. 그러나 나는 건강이 회복이 된 후에 신앙을 갖게 됐다. T. S. 엘리엇의 「게론촌(Gerontion)」이란 시에 나오는, "역사는 너무 늦게 주거나, 아니면 너무 일찍 준다"는 뜻의 심각한 아이러니가 생각난다.

신앙의 종류를 둘로 대별해서 교리에 대한 명석한 이해 위에서는 신앙(explicit faith)과 맹목적인 신앙(implicit faith)이 있겠는데, 나의 신앙은 그 체질로 봐서, 아무래도 후자에 가까운 것이 아닐까 한다. 이것이 결코 명예로운 일은 못 되지만, 그러한 경향이 있다는 것은 짐작할 수가 있다.

한 가지 언제나 내 마음에 좀 걸리는 일이 있는데, 그것은 과학자들이 말하는 소위 '진화론'의 관점과 가톨릭의 입장이 아무래도 잘 조화되지 않는 게 아닌가 하는 점이다. 더러는 이 문제에 대한 설명을 들어보지 않은 것은 아니지만 결국 아직까지도 나로서는 잘 납득이 안 간다. 그렇다고 해서 과학자도 아닌 내가 진화의 이론을 정확하게 이해할 수 있는 것은 물론 아니지만, 그저 직관적으로 이 문제가 그리 심상치 않은 난제 중의 하나가 아닐까 하는 느낌이 든다.

나는 더러 '신앙'이 무거운 짐으로 느껴질 때, 생애의 마지막 시기에 가서 "하느님 앞에서 조금도 부끄러울 것이 없는 떳떳한 일생을 보내왔다"고 했다는 악성 모오싸르트의 말이 생각난다. 평생을 분방하게 살지 않은 것도 아닌, 그러면서도 천의무봉(天衣無縫)의 주옥같은 음악을 온 인류에게 빛처럼 뿌리고 간 모오싸르트, 그의 생활이 그 본질에 있어서 그렇게 순수한 것이었으며 그렇게 깨끗한 양심에 바탕을 둔 것이었던가 하는 것을 생각할 때에, 새삼 감명을 받는다. 그리고 나의 신앙의 유형도 모오싸르트적인 것과 관련시켜서 자꾸 생각해 보고 싶어진다.

부끄러운 나의 이 고백을, 성경을 뒤적이며 우연히 눈에 띈 「콜로새 신자들에게 보낸 서간」 2장 3절에 나오는 다음의 구절로써 끝을 맺을까 한다.

"그런데 이 진리 속에는 지혜와 진실의 온갖 보화가 감추어져 있습니다." (1974)

---

3 철학박사 김규영 토마스 아퀴나스 선생님.

지금 생각해 보면 1966년에 내가 영세를 받고 천주교 신자가 되는 것을 가로막고 있었던 가장 큰 장애 요인은 바로 나의 알량한 자부심이었다. 듣기 좋게 '자부심'이라 했지만, 이 말의 속을 들여다보면, 거기에는 나의 오만, 허세, 천박한 허영, 가엾은 무지, 이런 것들이 무섭게 눈을 부라리며 진을 치고 있었던 것이 사실이다.

그때까지 내가 나름대로 겨우겨우 쌓아올린 일종의 우주관이랄까 존재의 신비에 대한 신념이랄까 하는 것을 버리고 새로운 교리 (그것은 물론 성전이긴 하였다) 앞에 머리를 숙인다는 것이 나에게는 마음 내키지 않는 굴욕으로, 담력 없는 겁쟁이의 패배로 여겨지기도 하였다.

그때 나의 우주관이란, 흔히 말하는 일종의 '범신론'이란 것과 맥이 통하는 생각이었다. 곧 이 넓고 크고 신비에 차 있는 우주

자연과 그 안에 있는 삼라만상의 본질, 특색 및 속성이 모두 동시에 신성(神性)의 드러남이며, 그러한 신성의 주체가 곧 신(神)이라는 생각이다. 꽤 머리를 쓴 그럴듯한 생각이다. 이렇게 생각하면 우주와 존재에 대한 형이상학적인 문제 하나가 (매우 중요한 문제다) 풀리는 것처럼 느껴진다.

여기서 또 드리고 싶은 말씀은 이러한 범신론적 사상이 나의 발명이 아니라는 점이다. 아마 프란치스코 성인도 이와 비슷한 성향을 가지셨을 것이고, 미국 시인 월트 휘트먼의 사상도 따지고 보자면 이러한 일종의 신비주의와 거리가 그리 멀지 않다. 생각이 그러하기 때문에 휘트먼에게는 세상의 모든 것이 다 신성하다.

남녀의 사랑은 물론이요 (정신적 사랑, 육체적 사랑의 구별 없이 말이다) 남자끼리 격투하는 장면, 심지어는 자살까지도 신성하다. 신성하다는 말이 너무 지나치다면 자살하는 장면이 적어도 보는 이로 하여금 외경의 감정을 불러일으킨다. 실지로 휘트먼의 시에 그러한 장면이 나온다.

범신론적 우주관은 어느 편이냐 하면 상당히 시적인 우주관이다. 따라서 많은 시인들이 이런 생각 쪽에 쏠리고 있는 것도 자연스러운 현상이라 할 수 있을지 모르겠다. 독일의 대시인 괴테도 분명 이런 '도당'에 속한다.

시인들이 이 범신론적 우주관을 선호하는 다른 이유에는 이러한 범신론은 윤리적인 구속력이 거의 없다는 점도 있을 것이다. '이

혼? 그까짓 것 하게 되면 하는 거다. 살인? 해서 안 된다는 법이 어디 있나. 동물의 세계를 보라……' 이와 같이 무엇이고 합리화되는 길이 열려 있다. 해선 안 된다는 구속력이 전연 없다고 할 수는 없겠지만, 매우 약하다. 나면서부터 절대적으로 자유를 선호하는 시인(시인은 그런 부류의 인간이다)이 범신론을 불편하게 여길 리가 없다.

이렇게 멋진 사상의 피난처를 버리고 생각하기에 따라서는 유치한 신화와 크게 다를 것도 없어 보이는 유일무이한 창조주, 인간과 비슷한 감정을 지닌 인격신을 받드는 교리 앞에 고개를 숙여야 하다니. 그런 양보가 그리 쉽게 할 수 있는 노릇인가. 대개 이런 생각으로 신(하느님)과 힘겨루기를 하다가, 마침내 하느님 앞에서 무조건 항복을 하는 때가 왔다. 나는 차츰차츰 천주교의 교리에 수긍이 가서, 그 교리가 사물의 이치와 맞기 때문에, 마음의 갈등이나 부담 없이 자연스럽게 입교한 경우가 아니었다. 마치 주먹패가 자기보다 더 센 주먹 앞에서는 완전 굴복하듯이, '오야붕' 명령이면 무조건 따라야 하는 경우처럼, 어린이가 엄마에게 매달리듯이 그렇게 하느님 앞에 엎드려 나의 모든 것을 바치기로 마음먹었다.

"하느님, 이젠 저를 죽이시든 살리시든 당신 마음대로입니다. 저의 존재를 송두리째 당신께 바치오니 저를 마음대로 (교리식으로 표현하면 '당신 뜻대로') 처분하십시오." 그렇다고 해서 천주교의 교리가 세상 이치나 사리에 맞지 않는 부분이 있는데도 무조건 천주교를 맹신한다는 뜻은 아니다. 이와는 정반대로, 천주교회

안에서 생활을 해 보면 해 볼수록 만유 위에 높이 계신 하느님과
하느님의 사랑이 나에게 와서 닿아 있다는 것과, 하느님이야말로
모든 진리의 근원이시며 그렇기에 바로 진리 그 자체이시라는 것
을 세월이 가면 갈수록 굳게 믿게 되었다. 그래서 이제 누가 뭐라
해도 내가 방황하지 않고 가야 할 길을 갈 정도는 되었다는 점을
말씀드리는 것뿐이다.

그렇다. 교회의 가르침에서 내가 납득할 수 없는 부분이 있다
면, 그것은 내 생각이 한없이 짧아서 그런 것이지, 결코 하느님의
생각이 그릇돼서 그런 것이 아니다.

차분히 기다리며 생각하면 이윽고 알게 될 때가 올 것이다. 끝
내 모르고 만다 할지라도 그것은 나의 지혜가 모자라서 그런 것
이지 절대 하느님의 이치가 틀려서 그런 것은 아니다. 그러나 세
상에는 자기주장을 (얼핏 보기에 그럴 듯한) 내세워 하느님을 부정하
는 사람이 얼마나 많은가.

전지전능하신 하느님이 내려다보실 때에 그러한 사람의 모습
이 어떠하다고 느끼실까.

저 시적이며 융통성 있는 범신론도 사실은 하느님이 다 만들어
놓으신 자연 안에 있는 이치의 한 부분에 불과하다. 세상을 그렇
게 보이도록 만들어 놓으시고 하느님은 그보다 훨씬 높은 곳에서
내려다보고 계시다.

과학이 발달하면 하느님의 존립 기반이 위태로워지지 않을까

염려하는 사람이 있을지 모른다. 나는 그런 미망에서는 벗어나 있다고 생각한 지 오래다.

과학이 오묘한 이치를 찾아내면 찾아낼수록 하느님의 영광이 커지면 커졌지 그 밖의 딴 일이 있을 수는 없다고 나는 생각한다.

뉴턴의 만유인력 이론은 아인슈타인의 상대성원리에 의해 무너졌다. 그런데 아인슈타인의 이론도 현대과학의 주류라 할 수 있는 양자역학과는 조화가 안 되는 모양이다. 상대성 이론과 양자역학을 조화시키기 위해서 나온 새 이론이 이른바 '노끈 이론' (the Theory of the String)인 모양인데, 이 노끈 이론을 풀려면 11차원의 '장(場), 시공'을 다루어야 하며, 이럴 경우 계산이 너무 어려워 과학자들도 거의 수습이 안 되는 상태에 있는 모양이다. 현대과학이 궁지에 놓인 셈이다. 11차원 세계의 계산이 하느님에게도 버거울까? 그럴까? 또 미망에 빠지려 한다.

하느님은 11차원은 고사하고 수십 차원의 신비의 세계에 계신 분 아닌가. 그런 하느님이시기에 '성체의 신비'가 현실로 나타나는 것이 아닌가. 나는 오체투지라도 하는 기분으로 하느님 앞에 엎드려 하느님을 찬미한다.

"하느님, 당신은 길이요, 진리요, 생명이십니다"(요한 14,6 참조).
(2003. 1)

답은 "예"입니다

육신의 부활을 믿나이다

예수님의 부활 사건이야말로 그리스도교의 가르침 가운데 핵심을 이루는 일이다. 예수님의 부활을 중심으로 천주교의 저 큰 교리의 성전이 세워졌다 해도 과언은 아니라고 나는 믿고 있고, 또 이것이 틀린 생각은 아닐 것이다.

예수님의 부활! 너무도 크고 감격스러우며, 또 신비 중의 신비이기 때문에 여기에서 나는 스스로에게 물음을 던져본다. "너는 정말 예수님의 부활을 믿느냐?" 답은 "예"다. '예' 하고도 나의 온 존재와 맞바꿀 각오로 (속된 말로, 나의 온 존재를 걸어서) 하느님께 드리는 '예'다. 나 같은 죄인이, 노상 뉘우침 없이 죄를 지어 쌓기만 하면서, 부활에 대한 믿음 하나에만 매달려 구원을 받으려는 속셈이 내가 생각해도 너무 뻔뻔스럽고 염치없는, 그래서

도가 지나치다 싶으나, 그래도 나는 이 점에 대해서만은 남이나 나 자신의 눈치 볼 것 없이, 어린아이처럼 되어 사실을 사실대로 말씀드릴 수밖에 없다. '나는 예수님의 부활을 100퍼센트 의심의 티가 섞이지 않은 순수한 상태에서 믿는다'는 답 이외에 다른 답은 없다.

나는 예수님의 부활을 믿는다. 예수님의 육신의 부활을 믿는다. '몸'은 없고 '얼'만 남아서 돌아다니시는 그런 예수님이 아니라, 구운 생선도 잡수시고, 땅에 발자국도 남기시고, 체중계에 올라간다면 체중계의 바늘이 돌아가는 그러한 예수님의 부활을 믿는다. 성경을 보면 "보지 않고 믿는 이는 복되다" 하고 예수님께서 말씀하셨는데, 나도 어쩌다가 이 복된 자의 무리에 끼게 되었다. 이것 역시 하느님의 큰 은총이다. 이 점을 하느님께 감사, 또 감사할 따름이다.

예수님의 기적을 믿나이다

부활 사건 말고도 예수님은 무척 많은 기적을 행하셨거나, 기적의 주인공이 되셨다. 원죄 없이 잉태되심, 물을 포도주로 바꾸심, 죽은 라자로를 살리심, 물 위를 걸으심, 몇 천 명을 먹일 수 있을 만큼 빵 몇 조각을 불어나게 하심, 베드로의 부정(否定)을 미리 보심 등등 이루 헤아리기도 힘들 정도다. 예수님의 부활을 믿을

수 있게 된 연후에 이러한 기적을 믿는 것이 무어 그리 어려울 리
는 없다. 나는 이러한 기적도 다 어떤 비유로서가 아니라 사실로
서 받아들인다.

예수님의 기적에 대해서 이런 저런 합리적인 (과학적인) 설명을
하는 것을 들은 기억이 있다. 매우 그럴듯한 설명이 많다. 한 예가
여러 군중을 먹이신 빵의 기적이다. 예수님의 말씀과 거동에 감
화되어 여러 사람이 이기심을 버리고, 숨기고 있던 음식을 꺼내
서 모두 나누어 먹은 결과가 그 '기적'이라는 것이다. 매우 교묘
한 설명인데, 잘 살펴보면 이런 풀이는 예수님의 인성(人性)만 인
정했지 예수님의 '신성'(神性)은 인정하지 않으려는(믿기 어렵다는)
심리가 숨어 있다. '예수님도 사람인데 어떻게 그런 요술을 부릴
수 있단 말인가!' 이런 심리가 깔려있는 것이다. 우리는 예수님의
신성도 믿어야 하지 않겠는가.

기적의 원형은 따지고 보면 창조주 하느님에게서 나온 것이
다. 태초에 하느님께서는 '말씀'으로 기적을 행하셨다. "하느님
께서 '빛이 생겨라' 하시자 빛이 생겨났다." 이런 식으로 천지만
물을 지으시고 남녀 인간도 만드셨다. 이보다 더 큰 기적이 어디
있는가.

그런데 하느님께서 만드신 이 우주가 갈수록 엄청난 것임이
드러나고 있다. 옛날 사람들은 은하를 포함한, 눈으로 보이는 우
주 만물이 하느님의 피조물이라고 여길 수밖에 없었을 것이다.

그런데 과학자들이 밝혀내고 있는 이 우주라는 것이 갈수록 더 커져가기만 한다. 은하 하나에 별이 약 천억 개쯤 있다고 한다. 그러한 은하가 또 천억 개쯤 있는 것이 이 우주다. 아무리 하느님이시라지만, 이렇게 큰 우주를 창조하는 일을 감당할 수 있었을까? 물론이다. 그렇지 않고서야 어찌 하느님께서 하느님 행세를 하실 수 있겠는가.

그런데 최근에 이 우주 밖에 이러한 우주가 또 10의 500승 만큼이나 더 있다는 설이 나왔다. 그러나 10의 500승이 아니라 그것을 또 500승 해도 문제 될 것이 있겠는가. 하느님은 문자 그대로 무한하신 존재로, 그 권능 또한 무한인 것이다. 과학자들이 이 우주의 규모를 넓히면 넓힐수록 하느님의 영광도 그것에 비례해서 커질 뿐이다. 예수님의 기적도 하느님의 이러한 창조 원리 '기적'의 일환일 뿐이라고 보는 데 무슨 잘못이 있겠는가.

내가 겪은 부활 체험

예수님의 부활이 하나의 엄연한 사건(사실)이라는 점을 믿음으로 확실히 다져놓은 다음에는 이 '부활'이라는 명제를 하나의 비유적인 측면에서 생각해 볼 수 있는 가능성 또한 무한대로 열린다. 사실 예수님의 부활 사건이 우리 인간의 삶과 직접적으로 교섭하는 영역은 바로 여기다.

예수님의 부활은 인간만사에서 가장 슬픈 것, 가장 절망적인 것, 가장 무서운 것, 가장 괴로운 것, 가장 생각하고 싶지 않은 것, 이런 것들의 총 결집이라 할 수 있는 '죽음'을 극복하고 이기셨다는 것을 뜻한다. 그러니 죽음을 날 때부터 지니고 사는 인간으로서는, 예수님께서 이룩하신 '부활' 이상으로 기쁘고 감사할 일이 있을 수 없다. 죽었다가 생명을 되찾는 부활이 갖는 비유적인 또는 상징적인 뜻이 얼마나 큰 것일까!

아마도 많은 경우의 부활 체험이라는 것이 상징적인, 또는 비유적인 뜻의 범위 안에서의 체험이 아닐까 짐작해 본다. 그러나 체험의 내용이 짙고 절실하면 그것은 비유적인 뜻에서의 체험이라기보다는 좀 더 직접적이고 구체적인 체험에 접근하는 것이 될 것이다. 나는 부활 체험과 관련하여 두 경우를 떠올린다.

생활에서 겪는 죽음과 부활

그 첫 번째로 나는 잠을 통해서 부활을 생각한다(더러는 체험한다). 우리가 매일 밤잠에 들고 다음날 아침에 잠에서 깨어나는 일은 사실 따지고 보면 우리가 평생을 통해서 겪는 '죽음과 부활의 연습'이 아닐까.

하루의 노고에 지칠 대로 지쳐, 마치 토막나무 쓰러지듯 쓰러져서 모든 것을 잊고 잠에 든다. 이 잠의 감미로움. 잠은 치유이자 정화이며 평화다. 이것이 죽음의 연습이 아니고 무엇이겠는가.

다음날 아침잠에서 눈을 비비며 깨어보면, 세상은 마치 처음 보는 것처럼 눈부시게 아름답고 신선하다. (다른 정서를 갖게 되어도 그것은 그것대로 뜻있는 체험이다) 어젯밤 시체나 다름없었던 나는 이제 기적처럼 생기를 되찾는다. 나의 오관은 바깥 세상에 화답하며 환호하고 나의 영혼은 살아 있음의 기쁨으로 설렌다. 이것이 정녕 부활의 연습이자 체험이 아니고 무엇이리요! 다만 우리의 일상과 너무 밀착되어 있으므로 그렇게 느끼지 못할 따름이 아닌가.

성경 말씀을 통한 부활 체험

나의 부활 체험, 두 번째의 경우를 말씀드리려면 약간의 어쭙잖은 이론적인 설명이 필요하다. 천주교인은 누구를 막론하고 예수님을 닮는 것을 삶의 목표로 삼는다. 예수님을 닮으면 닮을수록 좋다. 예수님을 완벽하게 닮으면 그것은 예수님과 일치를 이루는 순간이며 이것은 또한 신앙인의 이상(理想)이기도 하다. 순교자들은 다 이런 경지에 닿은 분들이다.

만약에 내가 잠시만이라도 예수님과 일치를 이룰 수 있다면 어떻게 될까. 예수님과 일치를 이루게 되면 곧 예수님과 하나가 된다는 뜻이다. 내가 정말, 위대한 나의 하느님이시며 아버지이시며 스승이시요 형님이시며 또 때에 따라서는 벗도 되어 주시는 예수님과 일치를 이루는 순간이 있다면, 그런 때에는 예수님의 체험이 곧 나의 체험이요, 나의 체험이 (비록 보잘 것 없지만) 곧 예수님의 체험이 될 수밖에 없다. 따라서 예수님의 부활도 곧 나의 체험이 되는 것이다. 유치한 생각일 수도 있겠지만, 나는 이렇게 느끼며 되도록 예수님 가까이에 가려고 한다.

1981년 영국에 갔을 때, 낯선 나라에서의 외로움 때문이기도 하였겠지만 나는 자나 깨나 '성경'에 묻혀서 산 기간이 있었다. 예수님께서 수난에 이어 부활하시고, 방랑하시면서 사랑하는 제자들 앞에 때 없이 나타나시는 장면에 이르러서는, 나는 너무 반갑고 기쁘고 감사해서 많은 눈물을 쏟았다. (그때 나에게는 그런 광경이 정말 눈앞에서 전개되는 현실로 느껴졌다) 특히 예수님께서 이 세상에 머물러 계실 시간이 얼마 남지 않은 시점에서 제자들에게 "너희에게 평화가 있기를!" 하고 말씀하시는 대목에서는 슬픔에 사무쳐 소리 내어 울었다. 이것이 나의 부활 체험이라면 체험이다.

그 후 지금까지 나는 그러한 짙은 감격을 다시 겪지는 못하였다. 그러나 예수님께서 언제나 우리 가까이에 계시다는 실감만은 오늘도 변함이 없다.(2004. 4)

찬미 나의 예수님

예수님, 저는 예수님을 하느님으로, 어버이로, 스승으로, 형님으로, 벗으로 생각하고 있습니다. 이와 같이 예수님은 저에게는 모든 관계를 두루 갖추신 분이십니다. 저에게 지존하신 분, 가장 위엄 있으신 분, 가장 자상하신 분, 제일 친한 분, 이 모든 것을 하나로 아울러 갖고 계신 분이 바로 예수님이십니다. 그러나 저는 예수님을 하느님으로 어버이로 생각하기보다는 스승으로 형님으로 벗으로 더 생각하고 싶습니다. 그래야 예수님과 제가 더 가까워지며 친밀해질 수 있을 것 같기 때문입니다.

저는 저의 짧은 글로나마 정성들여 예수님을 찬미하고 싶습니다. 저는 예수님의 사랑과 품위에 알맞은 글을 쓸 만한 자격이 없다는 것을 너무나 잘 알고 있습니다. 제가 설사 아무리 아름다운 글을 엮어 예수님께 바친다 해도 그 글이 하느님이시자 동시에 인간이신, 공의로우심과 지혜의 으뜸이신 예수님께 어울릴 수 없다는 것은 너무나 잘 알고 있습니다. 그렇더라도 저는 어린이의 마음처럼 되어 공연히 태를 부리려 하지 말고 저의 능력껏 예수님을 끝도 없이 찬미하고 싶습니다. 제가 이와 같이 예수님을 찬미하는 흉내라도 낼 수 있다는 것이 제가 이 세상에 태어난 으뜸 보람이며 으뜸 행복입니다.

마리아 막달레나가 비싼 향유를 치렁치렁한 머리에 발라 그것으로 예수님의 발을 씻는 장면이 떠오릅니다. 예수님의 제자 중한 사람이 값비싼 향유를 그렇게 낭비하느냐고 나무랍니다. 그러자 예수님께선 나무라지 말라고, 향유야 언제나 있지만 예수님이 이 세상에 계실 시간이 그리 많이 남아 있지 않다고 도리어 그 제자를 꾸짖으십니다. 극적인 장면입니다. 마리아 막달레나의 예수님 찬미의 솜씨는 참으로 그녀답습니다. 예수님의 말씀은 너무나 비장합니다. 세상에 이 장면보다 더 감명 깊은 한 편의 드라마가 있을까요.

예수님, 제가 헤아리기에 사랑은 관계입니다. 관계는 구체적이어야 합니다. 그러기에 예수님께서는 사람의 형상과 육신을 가지시고 사람의 세계에 오셨습니다. 곧 '육화의 신비'가 실현된 것입니다.

오, 이 지극한 사랑.

사람들 틈에 끼어서 말씀도 나누시고 기도하는 방법도 가르쳐 주시고 음식을 잡수시기도 하셨습니다. 그리하여 예수님과 사람들의 관계는 더없이 구체적인 것이 되었습니다. 예수님을 통하여 원래 무명에서 헤매는 사람이 하느님 사랑의 본질을 조금이나마 깨달을 수 있게 되었습니다. 그뿐만이 아니라 예수님께선 수난을 겪고 영광스런 부활을 하신 후에도 성체와 성혈로 언제까지나 땅 위에 남으시어 사람들과 구체적인 관계를 지속하고 계십니다.

저도 은연중 예수님과 저만의 구체적인 관계를, 실존적인 사랑의 맺어짐을 바랐습니다. 예수님을 무조건 높으신 분, 거룩하신 분으로만 우러러보는 것이 아니라 예수님과 저 사이에 맺어지는 구체적이며 개성적인 인연, 그런 인연을 마음속에서 염원했던 것입니다. 아니 저만이 아니라 예수님을 따르고 사랑하는 모든 이는 나름대로의 그러한 개별적인 관계를 희구해야 마땅한 것이 아닌가 싶습니다.

그때, 대개 20여 년 전 제가 영국에서 외롭게 지냈을 때 예수님은 제 앞에, 아니 저의 곁에 와주셨습니다. 창세기에서 묵시록에 이르는 성경에 빠져들면서, 특히 4복음서 읽기에 눈을 떠서 저는 밤낮없이 예수님과 함께 살았습니다. 복음사가들이 간결하면서도 정확하게 사실적으로 묘사하는 솜씨는 놀랍고 감사로울 뿐입니다. 어떠한 카메라로 찍어도 아마 이보다 더 선명한 장면을 부각시킬 수는 없을 것입니다. 그 바람에 저는 예수님의 옷자락이 제 몸을 스치며 지나가는 것을, 예수님의 음성이 제 귀에 생생히 울려오는 것을 느낄 수가 있는 듯했습니다. 그러한 느낌이 너무도 기쁘고 감격스러워서 저는 많은 눈물을 흘렸습니다. 특히 예수님이 부활하신 후 처음 나타나시는 장면에서 저는 예수님을 붙들고 끝도 없이 울었던 일이 지금도 생생히 기억됩니다.

이와 같이 해서 저의 마음 안에는 살아 계시는 '예수님 상(像)'이 자리하게 되었습니다. 이 예수님 상은 예수님과 저의 개별적 관계에서 태어난 저만이 그려볼 수 있는 모습임에 틀림이 없습니다. 이러한 경우를 두고 저는 예수님과 저의 실존적인 관계라 말하고자 합니다. 저만이 아니라 예수님과 모든 이의 만남도 이와 같이 개별적인 것일 수밖에 없을 것입니다.

제가 만나서 모시게 된 예수님의 상(像), 저는 도저히 이러한 예수님의 모습을 말로 옮길 수가 없습니다. 아니면 반대로 제가 지니는 어휘의 한도 안에서 끝도 없이 말할 수 있을 것입니다.

제가 받은 예수님의 인상 중에서 맨 먼저 떠오르는 것은 예수님의 그 끝도 없는 외로움이십니다. 제자들과 함께 다니시기는 하셨어도 제자들은 예수님의 말귀를 못 알아듣기가 일쑤였습니다. 내가 죽도록 괴로우니 너희들은 깨어 있거라 하셨어도 제자들은 쿨쿨 잠에 곯아떨어집니다. 이젠 됐으니 고만들 자거라 하시면 자지 않고 떠들어댑니다. 수난을 앞두고 예수님께서 겪으신 그 심각한 고독을 누가 감히 헤아릴 수가 있겠습니까.

다음으로 놀라운 것은 예수님의 예지의 높으심입니다. 깊은 통찰과 높은 지혜쯤 하느님으로서야 아무 일도 아니셨겠지만,

예수님은 사람으로서 오셨기 때문에 사람의 지혜의 높이로 보아야 할 것입니다. 그러니 놀라운 것입니다. 바리사이 사람들이 아무리 예수님을 올가미에 넣으려 해도 예수님은 유유히 빠져나가십니다.

또한 놀라운 것은 예수님의 저 아득한 시인적 재능입니다. 예수님의 비유의 솜씨, 말씀의 향기를 따를 수 있는 사람은 이 세상에 아무도 없습니다. 예수님이 구세주라는 무거운 책무에서 벗어날 수 있으셨더라면 아마 예수님은 고금에서 관절(冠絶)하는 위대한 시인으로서의 업적을 남기셨을 것입니다.

"마음이 가난한 사람은 행복하다"(마태 5,3 참조).

표현이 지극히 단순하면서도 심해처럼 뜻이 깊은 이 말씀 한마디를 알게 된 것만으로도 저는 이 세상에 태어난 보람을 느낍니다.

예수님, 제가 죽는 순간까지 예수님을 찬미하고 흠모하는 저의 마음에 변함이 없도록 저를 인도하여 주십시오.(2003. 3)

부부의 조화(調和)

　　조화라 하면 먼저 생각나는 것이, '살아 있는 기성(棋聖)'이라 일컫는 오청원(吳淸源) 9단의 '바둑은 조화다' 하는 말이다. 참으로 천고의 명언인가 싶다. 바둑에 관한 한 이보다 더 뜻이 깊은 말을 남길 수는 없을 것이다. 실리(實利)에 집착하면 세(勢)에서 밀린다. 세에 치우치면 실속을 빼앗긴다. 싸움을 피하면 짓밟힌다. 너무 과감하면 역으로 패한다. 참으로 이루기 어려운 것이 조화다.

　　또 하나 생각나는 것이 일본을 대표할 만한 소설가 나쓰메 소세끼의 글이다. "너무 똑똑하면 모가 난다. 정에 치우치면 떠내려간다. 이래저래 살기가 힘든다." 이 말대로 매사에 정도를 잘 맞추기가 보통 어려운 것이 아니다. 이 일을 잘 해낼 수 있다면 그런 사람은 벌써 달인이다.

　　조화란 그 개념이 매우 깊으므로 이 말의 뜻을 깊게 헤아리기란 그만큼 어려울 듯싶다. 지금 내가 조화에 대하여 말하는 것도 내가 생각하는 '조화'일 뿐이며, 이것은 조화에 대한 내 이해의 한계를 나타내고 있을 뿐이다.

우선 조화는 다름 아닌 관계다. 관계란 무엇이고 하나만으로는 성립될 수가 없다. A와 B의 관계. 사회와 나의 관계. 우리 서로의 관계. 이와 같이 관계는 복수의 항목 사이에 존재하는 것이며, 조화는 이러한 관계의 상태나 질(質)을 가리키는 말이다. 만약에 완전 고립되어서 살 수 있는 사람이 있다면 (실제로는 불가능하지만) 그런 사람은 남과 관계를 맺을 수 없으므로 인간관계라는 점에서는 자연 조화도 해소된다. 그러나 우리가 누군가를 만나면 또는 무슨 일을 시작하면, 그 순간 관계가 성립되고 그 관계의 모습이나 품질로서 조화의 문제가 나타난다.

조화는 큰 일, 작은 일 할 것 없이 세상만사에 꼭 필요한 것이지만, 여기에서 우선 나의 머릿속에 떠오르는 것은 '부부간의 조화'다.

부부간의 조화야말로 세상의 모든 조화 중에서도 가장 기본적인 조화가 아닐까. 원래 남녀가 만나면 서로 조화가 잘되도록 되어 있지만, 그런 중에서도 특히 복잡미묘한 것이 이 부부간의 조화다. 부부간의 조화는 부부가 되어서 살아보기 전에는 그것을 미리 알 수가 없다는 점에 그 어려움이 있다. 혼인 전의 교제를 통해서 알게 된 서로를 이해하려 애쓰고 거기에다 직관과 상상을 총동원해서 미래상을 그려보지만, 그때까지 판단의 재료라는 것이 십중팔구 미화된 것이어서 정확한 예측을 보증할 수가 없는 것이다. 그러니 사람에 따라서는 궁합이라는 것에 큰 무게를 두기도 한다. 그러나 실제로 궁합만으로 부부간의 조화를 이룰 수 있다면 문제의 어려움이 얼마나 단순화될 것인가.

어떤 부부는, 아내는 철저하게 가정 일에만 전념하고 있고, 남편은 밖의 활동에만 몰두한다. 아내는 누구나 인정하는 엄연한 현모양처요 바깥양반은 자타가 공인하는 선량하고 늠름한 남편이다. 이들 부부의 기쁨과 행복은 하루하루가 (어려움을 겪을 땐 더욱. 왜냐하면 부부가 더욱 합심하니까) 낙원이다.

어떤 부부는 내외가 똑같은 고급 전문직에 종사하는데, 직업의 직종이 같다보니까 서로 그렇게 손발이 맞을 수가 없고 그렇게 잘 상부상조할 수가 없다. 그런데 그와 똑같은 전문직에 종사하는 또 한 쌍의 부부는 직업의 내용을 빤히 아는 상대방의 간섭이 번거롭고 지긋지긋하다 하여 노상 티격태격이다. 앞서 말한 부부와 어쩌면 그렇게 다를까. 또 어떤 부부는 내외가 종사하는 직종이 닭과 소만큼 다른데 거리와 여유를 두고 관망하는 데서 얻는 냉철한 조언으로 서로를 영감적으로 돕고 있다. 현대는 물리학자가 노자를 읽는 시대라 하지 않는가. 이런 부부야말로 '속궁합'까지 맞는 부부일까.

여기에서 우리가 생각할 수 있는 것은 부부의 조화라는 것이 결코 운명적으로 미리 정해진 대로 진행되는 것이 아니라, 서로 적극적으로 맞춰나가려고 노력해서 나날이 새롭게 열어나가는 신국면의 연속이라는 점이다. 성공적인 조화를 이룩해 나가는 혼인생활이야말로 시시각각 창의성을 발휘해서 긴장감이 풀릴 겨를이 없는 작은 모험의 연속이라는 점을 강조하고 싶다.

조화란 이자(二者) 간에, 또는 다자(多者) 간에 서로 무해무득하게 공존할 수 있는 무기력한 상태를 말하는 것이 결코 아니다. 공간적인 회화나 조각에서도 역시 그렇다. 그런 관계는 범용한 평균치의 분포에 불과하다. 조화란 투쟁과 평화의 동시적인 교섭이요 공존이다. 긴장감이 있으면서도 온유하고 부드러우면서도 힘이 넘친다. 태극기의 태극 모양처럼 말이다. 태극에서 음과 양은 서로 쫓고 쫓기는 치열한 경합의 모습을 하고 있지만, 동시에 그것들은 서로 애무하며 위로하는 양상이기도 하다. 변화의 매개가 되는 시간 안에 자리잡고 있는 부부의 삶과 삶끼리의 조화도 이와 같다. 조화는 무기력한 수동의 상태가 아니라 적극적으로 생동하는 모습이다.

조화에도 등급이 있지 않을까 하는 생각을 해 본다. 팽팽한 긴장감과 깊은 평화가 동시에 감돌고 있다면, 그것은 높은 차원에 속하는 조화라 해도 무방하다. 반면에 서로 별다른 위화감은 없어도 무사안일에만 기대고 있는 상태라면, 그것은 조화의 매우 낮은 단계에 머물러 있는 경우임에 틀림이 없다.

두 사람 사이의 삶의 조화를 높이려면 그만큼 상대방을 깊이 이해해야 한다는 것이 필수적인 조건이다. 그러나 이해만으로는 높은 조화에 이르기에 부족하다. 높은 조화에는 반드시 서로 많은 인내의 제물을 바쳐야 한다. 이해와 인내, 거기에 또 한 가지 늘 감사하는 마음까지 따른다면 그런 인간관계에 어찌 깊은 평화와 아름다움이 따르지 않겠는가. 결국엔 부부관계도 인간과 인간 사이의 관계의 일환인 것이다.(2003. 10)

운명단상(運命斷想)

‘심즉운명’(心卽運命)이란 말이 있다. 정말 깊이 있는 말이다. 진리다 싶을 정도다.

사람은 몸과 마음으로 돼 있는데 이 둘은 너무나 밀접하게 상보적(相補的)인 관계에 있으므로 서로 떼어서 생각할 수 없다. 따라서 ‘심즉운명’이란 말이 성립된다면 ‘신즉운명’(身卽運命)이란 말도 같은 만큼의 권리로 성립될 수 있음은 물론이다. 신즉운명. 이 말도 음미해 볼 만하다.

그런 ‘신즉운명’이 ‘심즉운명’이란 말보다 생소하게 느껴지는 것을 보면 우리 각자의 존재를 꾸미는 이 두 요소 중에서 역시 ‘마음’이 ‘몸’보다도 작용인(作用因)으로서 우선한다고 여겨진다. 나의 판단으로는 그렇다. 아무래도 우리 각자의 운명은 몸의 문제이기보다는 마음의 문제다.

‘심즉운명’이란 말에는 또 한 가지 심오한 뜻이 숨어 있다.

보통 운명하면 이것과 대립하는 작용인으로서 '자유'를 생각하게 되고, 이 자유가 곧 마음의 영역인데, 우리가 자유를 행사하는 방법에 의해서 우리의 운명이 얼마든지 수정될 수 있다는 뜻이 숨어 있는 것이다. '심즉운명'이란 말에는 운명이 운명 스스로를 부정하는 자기 모순적 요인이 있다는 것을 자인하는 양상이 내포돼 있다.

이것은 매우 기쁘고 고무적인 일이다. 운명은 보통 우리 밖에서 우리의 일생을 지배하는, 압도적으로 강한 불가항력적인 힘으로 해석되는데, 그러한 운명이 우리의 마음 씀에 오히려 지배를 받으며 순응한다는 뜻이니, 이것이 기쁘고 신명나는 일이 아닐 수 없다.

사실상 그러하다. 우리의 마음을 이길 수 있는 것은 아무것도 없다. 일찌감치 포기해 버리는 무기력, 단념해 버리는 안이한 패배의식, 이러한 것들이 쌓여서 저 거대한 운명이란 유령을 만들어 낸 것은 아닐까. 적어도 자유 편에서 보면 그럴 것이다.

그렇다고 해서 세상에는 이미 운명이라는 것이 있다는 것을 부인할 수는 없다. 그리고 이 상대가 만만치 않은 거인이라는 것도 염두에 두지 않을 수 없고, 따라서 마음을 가지고 운명과 맞설 때엔 그만한 전략이 필요하다.

운명이란 거인을 일거에 거꾸러뜨린다는 것은 비현실적이다. 필연적으로 장기전으로 갈 수밖엔 없다. 여기에서는 '티끌 모아 태산'식 전법이 가장 적절하다. 평소에 늘 마음을 써서 이러한 마음의 힘을 조금씩 조금씩 쌓아올려 차츰차츰 큰 성곽으로 구축해 나아가는 것이다. 이것이 아마 운명이 제일 불편하게 생각하는 작전일 것이다.

평소에 우리가 마음속에 품는 간절한 염원이 얼마나 큰 힘이며, 그것이 때가 되면 마치 꿈처럼 현실로서 이룩되고 실현이 되는 경우를 많은 사람이 체험으로 알고 있으리라고 나는 믿고 있다. 이런 체험이 없으신 분은 이제부터라도 꼭 한번 그렇게 해 보시라고 권하고 싶다.

정말로 마음은 힘이다. 우리가 마음속에 그려본 그림이 곧 우리 삶, 우리 현실의 밑그림이 되는 것이다. 어찌하여 그렇게 되는지 그 원리는 나도 모른다. 알 필요도 없다. 하여튼 우리 삶의 구조는 그렇게 돼 있는 것이다. 두드리면 정말 문이 열리게 돼 있다.

다만 우리가 염원만 한다면 아무 염원이나 다 이루어지는 것은 아니다. 염원의 내용이 윤리적으로 선해야 한다. 그렇지 못한 염원은 진정한 의미에서 염원이라고 할 수가 없다.

운명과의 투쟁에서 또 한 가지 내가 긴요하다고 생각하는 작전상의 골자는 어쩐지 마음이 제 길을 가고 있지 않다는 느낌이 들 때에 기습적으로 마음의 방향을 반전(反轉)시키는 일이다. 이 일은 기실 쉽지는 않다. 방법은 각자가 찾아야 한다. 무슨 재주를 부려서라도 스스로 이 난관을 돌파해야 한다. 마음이 어둠으로, 타락으로, 따라서 궁극적인 파멸의 방향으로 향하고 있다고 직감하는 순간 반격을 꾀해야 한다. 반격에 성공하지 못하면 장래는 비관적일 수밖에 없다.

모든 사람이 이 반격에 다 성공하는 것은 아니다. 더러 영 파멸 쪽으로 가는 이도 있다. 어째서 어떤 사람은 이 반격에 성공해서 결국 광명의 세계를 되찾게 되고, 어떤 이는 그렇지 못하여 영영 어둠의 나락에 떨어지고 마는가? 그러니 결국 운명은 있는 것 아닌가? 이쯤 되면 문제는 우리가 풀 길 없는 신비의 차원에 속한다. 어떻게 인간의 지혜가 존재의 비밀을 속속들이 다 풀 수 있겠는가.

그러나 역시 이런 경우에도 '심즉운명'이다. 마음에 문제가 있는 것이다. 의지가 박약하거나 선함이 부족하거나 노력을 피하려는 안이한 생각이거나 한 것이다. 이런 경우에 마땅히 찾아오는 결과란 어쩔 수 없는 것이다.

우리 마음을 늘 열어놓고, 절호의 기회에 운명의 심술을 꺾어 방향의 반전에 성공하며, 그 다음엔 그 길로 꾸준히 정진한다면, 우리는 먼 앞날 빛의 한복판에 서게 될 것이다. "그대 가슴에 운명의 별이 있다." 독일의 시인 쉴러의 말이다.(2005. 5)

구상 선생의 시에,

> 망국의 쓰라림과 그 설움을 맛보지 않고서
> 이날의 우리의 환희를 어찌 알리야?

> 꿈 속에서만 좇던 파랑새가
> 불시에 내 품에 날아든
> 그런 황홀…

이런 구절이 있다. 물론 8·15 광복의 기쁨을 노래한 시다. 여기서 '파랑새'란 벨기에의 작가 메텔링크의 동화극에 나오는 꿈의 새를 말한다. 나 자신도 8·15의 기쁨을 지금도 생생히 기억한다.

보탬 없이 말해서 그 날이 내 평생에서 제일 큰 환희에 젖은 날이었다. 아마 다음에 내가 또 그만한 기쁨을 맛볼 수 있는 날은 우리나라가 평화적인 남북통일을 이룩하는 그 날이 될 것이다.

역시 구상 선생의 시구에,

조국아, 심청이마냥 불쌍하기만 한 너로구나.
시인이 너의 이름을 부를 양이면 목이 멘다.
저기 모두 세기의 백정들,
도마 위에 오른 고기모양 너를 난도질하려는데
하늘은 왜 이다지도 무심만 하다더냐.

이런 구절도 있다. 지금 나의 눈에 눈물이 고인다. 정말 꼭 그렇구나. 이를 데 없이 마음씨 착한 만고 효녀 심청, 바로 우리의 조국이 심청이 꼴이로구나.

우리나라의 슬픈 시련이 전 세계에서 둘째가라면 서러울 지경이지만, 그러나 세계에서 우리나라만큼 아름답고 영묘한 강산이 또 어디 있는가? 백두산 천지에 서리는 저 영험한 서기가 두루 퍼져 있는 곳이 우리나라다. 세상에 금강산만큼 영묘한 영산이 또 어디에 있는가. 문자 그대로 뭇 산 중의 다이아몬드가 아닌가. 나는 지난 3월에 금강산엘 가서 이러한 사실을 전율에 가까운 황홀한 느낌과 더불어 실감했다. 금강산은 인간의 상상을 훨씬 넘어서는, 그야말로 지상의 기적이었다.

우리나라의 찬란한 문화유산에 이르러서는 이것 역시 세계의 봉우리다. 세계 어느 나라에 한글과 같은 문화적 기적이, 고려청자나 조선백자 같은 예술이, 추사의 서예 같은 높은 예술의 경지가 있었던가.

그러한 우리나라가 남과 북으로 두 토막 나서 신음하고 있다. 사람들은 그것이 미국의 탓이네, 구소련의 탓이네, 하고 따지고 있다. 나는 누가 무어라 해도 우리나라의 분단의 원인은 일본에 있다고 생각한다. 일본제국주의의 강도가 우리나라의 금수강산을 꿀떡 삼켰다. 미국이 너만 먹기냐 하고 일본을 때려눕히고 군화 신은 채 마구 밟았다. 일제가 하는 수 없이 피눈물을 쏟으며 토해낸 것이 오늘날의 우리의 남북이다. 누가 뭐라고 해도 이것이 나의 역사관이다.

오늘날 우리나라에는 IMF다 뭐다 해서 어려움이 계속되고 있다. 그러나 지금까지 어려움이 우리를 좌절시킨 적이 있었던가. 나는 우리나라의 평화적인 통일을, 우리나라가 세계만방에서 찬란한 빛을 뿜을 날이 반드시 오리라는 것을 신앙처럼 믿고 있다.

심청이처럼 불쌍한, 그러나 비길 바 없이 아름다운 우리나라. 불쌍할수록, 형편이 어려울수록 더욱 마음이 쓰이는 우리 조국 아닌가. (1999. 7)

지옥(地獄)

　　요새 텔레비전에서는 음식의 낭비를 줄이기 위한 운동의 일환으로 짤막한 화면과 선전 문구를 내보낸다. 그것에 의하면 우리나라에서 하루에 낭비하는 음식물은 돈으로 따져볼 때 약 2백억 원어치이며, 이것을 다시 연간 손해액으로 환산해 보면 대략 8조 원에 육박하는 수치가 된다니 정말 놀랍고도 놀라운 일이 아닐 수 없다. 이것은 하루 식비를 2천 원으로 잡을 때 1년에 약 1천만 명을 먹여 살릴 수 있는 금액에 해당한다.

　　동시에 내가 다니는 성당에서 불우한 이웃돕기 운동의 일환으로 상영한 영화중에 에디오피아를 위시한 아프리카 난민들의 참상을 담은 보도영화가 있었다. 수도 없이 많은 남녀노소 난민들이 뒤섞여 아무 대책도 없이 그저 굶어 죽어가고 있는 광경은 도저히 눈뜨고 볼 수 없는 참상이었다. 역시 그 영화에서 나온 보도에 의하면 아프리카에서 지난 3년 동안에 약 1천만 명이 굶어 죽었고, 지난 10년간에 굶어 죽은 사람의 숫자는 약 5천만 명을 헤아린다니 끔찍하기 이를 데 없다.

영화를 본 사람들의 마음을 더욱 착잡하게 만든 것이, 우리나라에서 평생을 바쳐가며 선교활동을 해 온 어느 프랑스 신부님의 말씀인데, 우리나라에서도 6·25 전쟁 때의 난민은 저런 정도는 아니라도 더러 저것과 거의 비슷한 상황이었다는 것이다. 정말 그랬을 것이다. 아마 그 신부님은 외국 사람이어서 우리가 겪은 일을 보다 냉철하게 관찰하고 기억해 두었던 것 같다.

우리나라는 요즈음 굶어 죽는 사람은 없게 됐다. 그러나 우리도 "굶네 먹네" 하던 것이 바로 엊그제다. 지난날의 처지를 우리가 너무 빨리 잊어가고 있는 것이 아닌가 싶기도 하다.

세상 한 쪽에서는 몇 백만 명이나 되는 사람이 굶주려서 죽어 가는데 한 쪽에서는 먹다 남은 음식을 마구 버리는 것보다 더 지옥적인 장면은 없을 것이다. 우리는 이제 먹이가 남아도는 쪽에 서게 됐다. 그래서 먹이의 소중함을, 먹이의 고마움을 마음속에 아로새기지 못하고 있다. 뿐만 아니라 음식에 관한 한 이것 역시 무절제하게 음식 사치에 빠져들고 있지나 않은가 하는 생각이 든다.

내가 봉직하고 있는 직장의 식당에서는 점심때면 싸고 정갈한 음식을 사먹을 수 있다. 그러나, "이것도 음식이라고 내놓았느냐, 이럴 줄 알았더라면 차를 몰고 나가는 건데 그랬다"고 하는 소리를 가끔 듣게 된다.

하느님이 주신 입맛이다. 끼니마다 왕성한 식욕으로 감사히 맛있게 먹는 일은 틀림없이 축복받은 미덕에 속한다. 그러나 어느 틈엔가 미식하는 습관에 깊이 빠져들어 하루 한 끼 검소한 음식을 먹는 일을 고통으로 여길 정도가 됐다면 이것은 문제다.

우리 중에서 꽤 많은 사람들이 요사이 어떻게 하면 굶주림을 면하느냐 하는 문제가 아니라, 어떻게 하면 자꾸 먹어서 불어나는 살을 빼느냐 하는 문제로 고민하는 것을 본다. 그동안에도 세상 한 구석에선 많은 사람들이 굶어서 죽어가고 있다.

단테의 『신곡』을 보면 탐식가(貪食家)들은 지하로 내려가는 지옥의 3층에서 영원한 형벌을 받고 있다. 이대로 나간다면, 그리고 단테가 그려놓은 것이 상상 아닌 사실이라면 그곳에 특별히 '한국인 코너'가 마련되지 않을까 염려스러울 정도다. 만약에 그런 구역이 생긴다면 그곳은 어딘지 모르게 호화찬란한 음식점이 빽빽이 들어서 있는 서울 거리의 모습과 비슷하지 않을까 하는 상상을 해 보기도 한다.

요사이 우리나라가 경제적으로 난국이다 뭐다 하지만, 매일매일 우리가 버리는 음식만이라도 알뜰히 아낀다면 우리나라는 단박에 부국(富國)이 될 것이다. 이것은 결코 경제적 정치적 차원의 문제가 아니다. 그렇게 애써서 검소하게 살아나가면 어떻게든 살길이 열리며, 번영이 오지 않을 수 없다는 생각이다. 우리의 행위에서 윤리 도덕적인 차원의 행위가 단연 정치 경제적인 차원의 행위보다 앞서는 것이다.

왜 밥풀 한 톨인들 버리는가. 그것도 알고 보면 스스로를 희생시켜 우리의 생명을 지탱케 해 주는 귀중한 생명체가 아닌가. 그러기에 예수님도 기적으로 5천 명을 먹이신 다음 남은 음식 열두 광주리를 모두 다시 거둬들이지 않으셨는가. 또 야훼 하느님도 과월절 때 잡은 새끼 양을 조금도 남기지 말고 다 먹어야 한다고 말씀하시지 않았는가.(1992. 4)

마무리 1%의 승부

어떤 일을 9할 9푼까지 잘 해 나가다가 마지막 1푼에서 정신을 덜 차린 나머지 일 전체를 그르쳐 버리는 경우보다 더 애석한 일은 세상에 없을 것이다.

전 세계의 사람들이 환호하는 가운데 마라톤 경기에서 어떤 선수가 당당하게 1위를 달리고 있다. 이제 골인 지점까지는 불과 몇 백 미터도 남지 않았다. 그런데 어찌 된 일인가. 그 선수가, 다리에 쥐가 났는지, 돌연 비틀비틀하다가 결국 선두 자리를 딴 선수에게 빼앗기고 마는 것이 아닌가! 이런 때 본인의 심정은 더 말할 나위도 없겠거니와 보는 사람도 국적을 초월해서 큰 아쉬움을 금할 수가 없다.

이 선수가 운이 없다고 말하는 사람도 있을 것이다. 물론 운이 좋았다고 말할 수야 없을 것이나 일의 결과를 단순히 운의 탓으로만 돌릴 수도 또한 없는 일이다. 필자의 생각으로는, 이 선수는 평소에 마무리에 대한 집념과 정성이 부족했었을 것이다. 아니면 적어도 경기의 마지막 1푼에 대한 연구가 부족했을 것이다. 일의 결과 안에는 우연적인 요인도 포함될 수가 있을 것이나 필연적인 요인 또한 배제될 수는 없는 것이다. 적어도 이 선수가 평소에 늘 자나 깨나 마무리, 마무리, 마무리하고 지냈던들 이러한 비극은 이 선수를 피해갔을 것이다.

우리는 어떤 모임에고 늘 단 5분이라도 늦는 사람을 본다. 교통이다 뭐다 하지만 결국 이러한 사람은 마음속에 늘 늦으려는 의지를 품고 있는 것이다. 그 의지가 습관화돼서 그렇게 나타나는 것이라 해도 틀리는 말은 아닐 것이다.

부끄러운 일이지만 필자의 가장 뼈아프고 슬픈 단점 중의 하나가 바로 이 마무리에 약하다는 점이다. 중간까지는 어지간히 일을 끌고 가는데 끝판에 가서는 힘도 빠지고 귀찮다는 생각이 들어서 흐지부지 해버리고 만다. 그렇게 함으로써 일을 차라리 시작하지 않았던 것만도 못하게 만들어 버린다. 더러 외국에 가서 훌륭하고 유능한 인사들을 사귀었건만, 귀국 후 제때에 편지 쓰는 일이 귀찮아서 그 사람들과의 인연을 무위로 돌림으로써 필자 자신의 손해는 말할 것도 없고 국위마저 손상시켰던 일이 몇 번이었던가.

그런데 마무리에 약한 이 단점이, 필자만의 단점이 아니라 우리나라 국민성 일반에 통하는 약점인 듯싶어 더욱 마음이 아파지는 것이다. 한때 떠들어 대던 아시아의 네 마리 용(龍) 중의 하나인 우리나라가 끝내 지렁이로 전락하고 말 것인가.

필자에게 있었던 실화 한 토막을 소개하겠다. 약 십여 년 전에 필자의 친한 친구 한 사람이, 새 차를 샀으니 시승(試乘) 겸해서 놀러 가자고 제의해 왔다. 물론 기꺼이 응했다. 그런데 차가 가다가 약간 급하게 정거를 했다. 이때 필자가 타고 있던 운전석 옆자리의 '해가리개'가 뚝 떨어지며 필자의 이마를 가볍게 스쳤다. 그 바람에 이마의 살점이 벗겨지고 피가 흐르기 시작했다. 그 상처는 지금도 남아 있다. 플라스틱이 접합된 '해가리개'의 모서리가 마치 면도날처럼 예리했던 것이다. 사포(砂布, 샌드페이퍼) 같은 걸로 몇 번만 문지르면 되는 끝마무리를 생략한 결과이다.

그 후 필자는 기회가 있어 이른바 방개 모양의 '폭스바겐'을 탄 적이 있었는데, 유심히 살펴보니 이 독일제품의 '해가리개'는 모서리가 칼날 같기는커녕 매끄럽고 푹신푹신하게 완벽한 마무리 손질이 돼 있었다!

국산차 해가리개의 이 '면도날 현상'은 오늘날에도 여전하기 때문에 조심해야 한다. 선전으로는 회사마다 초호화 차임을 떠들어대면서 이 무슨 꼴인가.

그런데 우리는 누구나가 다 정말 큰 마무리를 위해서 나아가고 있다.

"사람이 온 세상을 얻고도 제 목숨을 잃으면 무슨 소용이 있겠느냐?"(마태 16,26) (1992. 7)

존재의 수면(睡眠)

만약에 내가 톨스토이를 만난다고 한다면 나는 '선생님, 인생이란 무엇입니까?' 하고 공손히 물을 것이다. 톨스토이 선생은 나에게 무엇인가 말씀을 하실 것이다. 나는 그 말씀을 귀중한 영혼의 자양으로 생각하고 평생을 가슴에 묻어둔 채 가끔씩 다시 꺼내어 그 뜻을 되새길 것이다.

만약에 내가 헤르만 헤세를 만날 수 있다고 한다면 나는 같은 식으로 '선생님, 인생이란 무엇입니까?' 하고 물을 것이다. 헤세 역시 나에게 무엇인가 말씀을 하실 것이고 그 말씀을 나는 역시 평생 소중한 추억으로 간직하고 가끔 되새겨볼 것이다.

톨스토이 선생이나 헤세 선생이 나의 당돌한 질문에 대해 성의를 베풀어 주신 것은 두 분 다 나의 심중을 꿰뚫어 보시고, 내가 공연한 객기로 그런 질문을 한 것이 아니라, 그러한 귀한 만남의 인연을 보람되게 하기 위해서 혼신의 정성을 모아 그런 어려운

청을 했다는 것을 알고 계셨기 때문이다.

두 분의 답변은 그것이 선생의 진실을 담은 진리일 수도 있고, 동시에 아무런 의미도 없는 무의미의 넋두리일 수도 있다. 왜냐하면 처음부터 인생에는 어떠한 정답도 있을 수 없고 동시에 어떠한 오답도 있을 수 없다. 모든 말이 다 인생에 꼭 들어맞는 정답일 수 있는 동시에 모든 말이 인생에 전연 들어맞지 않는 거짓말일 수 있기 때문이다. 인생은 그만큼 깊고 넓고, 또한 큰 마당이다.

그렇다면 인생에 대해서 도대체 무슨 말을 해야 되는가? 무슨 소리를 지껄여도 그대로 들어맞는 것이 인생이고 무슨 소리를 해도 헛소리를 면할 수 없는 것이 또한 인생이라면 우리는 어느 장단에 춤을 추어야 한단 말인가?

인생에 관해서 우리가 할 수 있는 말은 다음과 같은 말밖에는 없다. 즉, 이러이러하다는 식으로 미리 규정된 인생이 있는 것은 아니다. 인생은 당신이 규정하는 그만큼이 바로 당신의 인생이라고. 인생을 신비의 광맥, 의미의 심연이라고 본다면 인생은 바로 신비의 광맥, 의미의 심연이다. 저물어가고 밝아오는 하루하루에는 물론, 철따라 변화하는 춘하추동 사계의 모습도 의미의 보고(寶庫)다. 산에 무심히 나뒹구는 돌 하나만 보더라도 그것은 우리가 도저히 헤아릴 수 없는 의미의 만물상(萬物相)이다. 반면에 인생을 무의미와 허무로 본다면 인생에 의미를 붙이는 데 백약이 무효다. 돈 벌어서 무얼하나. 무덤까지 돈 꾸리고 가나! 자식들 돈 잘 벌면 무얼하나, 저희들이나 호강하지! 미인이 다 뭐야 고작 몇 년을 갈까! 금강산 가보니 골짜기 흐르는 물과 바위덩이뿐이더라! 이런 식이다. 정말 백약이 무효다.

하지만 우리가 몰라서 그렇지 인생의 뜻과 보람은 무한대로 거기에 그렇게 있다. 그리고 그것들은 우리가 그것들을 캐내어 주기를 기다리고 있다. 인생이 이렇듯 깊은 뜻을 무언중에 품고 있는 것은 인생도 존재(存在, being) 안에 포함되어 있기 때문이다. 존재야말로 인생 이상으로 더 넓고 깊은 뜻의 심연이요, 신비의 광맥이다.

19세기에서 20세기에 걸쳐 사람들의 세계관, 우주관을 근본적으로 뒤흔들어 놓은 위대한 사상가를 들라면 나는, 찰스 다윈, 칼 마르크스, 지그문트 프로이트, 알버트 아인슈타인, 이 네 사람을 들겠다. 이들은 모두 존재와 관련하여 진리성을 드러낸 사상가다.

이들의 말은 각각 존재와 인생에 비추어볼 때 움직일 수 없는 진리성을 갖고 있다. 다윈의 말도 맞는 면이 있다. 마르크스의 말에도 일면의 진리성이 있다. 프로이트도 그러하다. 아인슈타인도 그렇다.

그런데 문제는 이들의 생각이 진리의 전부이며 남의 말은 틀렸다고 단정하는 경우다. 이런 말을 하는 사람은 존재의 기본적인 개념도 모르는 사람이다. 존재는 이들의 말을 다 받아들여 이들의 말이 다 참말이 되도록 할 수 있을 만큼 무한량의 포용력을 가지고 있다. 존재의 수면(睡眠)은 그만큼 깊다.

문학하는 사람들을 포함해서 지식인은 겸손해야 한다. 예수님이 무엇이라 하였는가. '그것은 하늘에 계신 아버님만이 아신다!' 하시지 않았는가.(2008. 5)

어린이들이 뛰노는 운동장이, 또는 축구선수들이 축구하는 운동장이 휘굽어 있다고 생각하는 사람은 없을 것이다. 어느 모로 보나 직선의 집합으로 이루어져 있는 판판한 평면이다. 그러나 먼 거리를 두고서 보면 그러한 운동장이 포함돼 있는 지구의 둘레는 분명히 둥근 원이다. 그러니 다음과 같은 말이 조금도 틀리는 말이 아니다. 즉 지구의 둘레는 직선인 동시에 곡선이라는. 크게 보면 곡선이지만 국지적(局地的)으로 보면 직선인 셈이다.

프랑스의 실존주의 문학가들의 주장을 생각할 때 나는 자연스럽게 이러한 곡선과 직선의 연관성을 하나의 비유로써 떠올리게 된다. 나는 그들이 주장하는 무신론적 실존주의를 큰 테두리로서의 나의 인생관으로 받아들일 수는 없다. 그러나 삶의 작은 단면에서는, 특히 절망에 이웃하고 있다고밖에는 말할 수 없는 어떤 극한상황에서는 그들이 주장하는 것이 우리에게 용기를 불러일으키게 할 수도 있다고 생각한다. 말하자면 그들의 주장이 경우에 따라서는 쓸모 있는 극약이 될 수도 있을 것이라는 생각이다.

시지프의 비극을 모르는 사람은 없을 것이다. 시지프에 관해서는 여러 얘기가 있지만, 요컨대 꾀 많고 대담한 인간이어서 희랍의 제 신들을 무던히도 골탕 먹이고 약이 오르게 했던 모양이다. 그 결과로 받게 된 것이 그 무서운 형벌이다. 무거운 바위를 산꼭대기에 밀어 올리면 바위는 다시 산 밑으로 굴러 떨어진다. 그러면 시지프는 다시 그 바위를 산꼭대기에 밀어 올려야 한다. 이 일이 영원히 계속된다……

과연 무서운 형벌이다. 그럴 수밖에 없는 것이 이 형벌은 말하자면 희랍의 제신들이 있는 지혜를 다 짜내서 궁리 끝에 창안해 낸, 형벌로서는 최고의 걸작인 셈이다.

그러나 이 형벌에도 허점이 있다고 실존주의 문학가 까뮈는 지적한다. 굴러 떨어지는 바위를 보면서 시지프는 어슬렁어슬렁 하산을 시작한다. 바로 이 때다. 시지프가 만끽할 수 있는 자유의 시간은. 이때만은 시지프는 절대자유를 누릴 수 있는 것이다. 이때는 휴식의 시간이다. 둘러보며 주변의 경치를 마음껏 즐길 수도 있다. 상상의 날개를 펴며 무슨 생각이고 해 볼 수 있다. 규칙적으로 찾아오는 이 휴식의 시간에 시지프는 행복하기까지 하다. 이제 제신들도 시지프에게서 이 절대자유의 시간만은 영원히 빼앗을 수가 없다.

과연 까뮈다. 나의 생각으로는 20세기의 모든 지자, 현자의 말 가운데서 까뮈의 이 지적보다 더 예리한 지적은 없는 것 같다. 까뮈는 말을 이어간다. 비극은 의식에서 비롯된다. 의식이 살아 있는 한 인간은 어떠한 어려움도 초극할 수 있다. 영웅적인 의식이야말로 행복의 조건이다.

나는 삶이 무겁고 고달플 때마다 어슬렁어슬렁 하산하는 시지프를 생각한다.(1999)

정성(精誠)의 원리

지성이면 감천이란 말을 우리는 흔히 쓴다. 이와 비슷한 뜻으로 정신일도하사불성(精神—到何事不成)이란 말도 흔히 듣는다. 또 필자가 지금 자세히는 기억하지 못하지만, 마음을 모아 쏘았더니 화살이 바위를 뚫었다는 중국의 고사도 있었던 듯싶다. 모두가 우리의 삶에서 마음이 하는 구실이 크다는 것을 강조하고 있지만, 우리는 이러한 말들이 품고 있는 정말로 깊은 뜻은 지나쳐 버리기가 쉽다.

그러나 가만히 생각해 보면 이러한 말이나 생각의 배후에는 우리가 생각하는 것보다도 훨씬 더 깊은 이치나 원리가 숨어 있는 것이 아닐까 하는 생각이 들기도 한다. 여기에서 필자는 영국이 낳은 시인 존 키쓰의 비교적 긴 이야기 시(詩) 한 편이 떠오른다.

「애그니스 성녀 축일의 전야제」란 시인데, 그 얘기의 줄거리는 대개 이러하다. 매들라인과 포필로는 서로 사모하는 사이지만,

이 처녀 총각의 양가는 죽기 아니면 살기로 싸우는 형편에 있다. 그 원한 관계가 어느 정도로 험악한가 하면 이 양가의 개까지도 서로 저주를 하는 지경이다.

그러나 포필로 청년은 매들라인이 너무도 그리운 나머지 애그니스 성녀의 전야제 때, 곧 몹시 추운 어느 해의 1월 20일 밤에 매들라인 집에 잠입한다. 거기에는 매들라인 일가의 청년 남녀들 수십 명이 모여서 춤을 추며 축연을 벌이고 있었지만, 이들 청년들의 성품이 극히 포악하여, 만약에 포필로가 들키는 날엔 목숨이 열이 있어도 부족할 지경이었다. 그러나 포필로는 매들라인에게 시중을 드는 앤질러라는 노파의 도움도 있고 해서 기적적으로 매들라인과 부부로서의 가약을 맺는다. 뿐만 아니라, 이 두 사람은 꿈같은 첫날밤을 치르고 다음날 새벽에 사랑의 보금자리를 찾아서 영원히 안전한 곳으로 달아나 버린다.

존 키이쓰는 단순히 읽는 이의 흥미만을 위해서 이 시를 쓴 것은 아니다. 이 시는 상상과 현실의 관계에 대한 매우 깊은 뜻을 품고 있다. 상상은 상상이며 현실과 동떨어져 있다고 생각해서는 안 된다는 것을 이 시는 우리에게 말해 주고 있다. 상상에 지극한 정성이 담길 때, 상상에 바로 목숨 그것이 실릴 때, 상상과 현실의 구별은 없어지며 염원이 곧 현실이 된다. 기적은 생명력에서 나온다. 상상에 강렬한 생명력이 실릴 때 그러한 상상력은 마치 빛처럼 현재를 중심으로 하는 우리의 삶의 앞뒤를, 즉 가까운 과거와 가까운 미래를 비추는 것이다. 그리하여 문자 그대로 우리는 우리의 미래를 우리의 뜻대로 마치 기적처럼 빚어나가는 것이다.

우리의 삶과 미래는 결코 기계론적인 인과관계에 의해서만 결정되는 것이 아니다. 그러나 이 일 역시 마음먹기에 달려있다. 우리의 마음에서 오는 힘이 생각보다도 크다는 것을 믿지 아니하고 매사 합리적인 테두리 안에서만 생각하는 사람에게는 삶도 그런 테두리를 크게 벗어나지는 못할 것이다. 반면에 어떤 일을 골똘히 생각하며 거기에 스스로의 생명력을 실을 때 그런 사람이 헤쳐 나가는 공간과 시간에는 역시 생명력이 실리게 된다. 우리의 삶의 터전으로서의 존재도 우리의 생각에 따라서 질적으로 그때 그때 변화하게 된다. 이 일 역시 신비라면 신비이지만, 우리의 현실은 이러한 정도의 신비를 수용할 정도의 탄력을 지니고 있는 것이다.

살아나가는 데에서 우리의 맑은 한숨은 결코 무익한 것이 아니다. 그것은 힘이 되어 우리에게로 돌아온다. 충무공이 작전이 좋았다는 이유만으로 운이 좋았다는 이유만으로 연전연승하였겠는가. 거기에는 남몰래 바친 그분의 깊은 '시름의 제물'이 큰 힘이 되었으리라는 점을 잊어서는 안 되겠다.(1992. 6)

■ 저자 후기

2007년에 〈참 소중한 당신〉지 '발견의 기쁨'란에 연재된 글들이 그대로 1부에 실렸습니다. 연재가 끝날 무렵 차동엽 신부님이 이번에는 새로 발간될 예정인 〈사목정보〉에, 아버지가 아들 사제에게 보내는 편지 형식의 글을 쓸 수 없겠는가 하고 물으시기에 저는 기쁜 마음으로 승낙을 했고, 그 결과 2008년 1년 동안 연재된 글들을 2부에 모았습니다.

그러고 나서 1부와 2부를 중심으로 저의 신앙 산문을 단행본으로 엮는 일이 자연스럽게 이루어졌습니다. 그러니 이 책이 나온 것은 순전히 차동엽 신부님의 배려 덕분입니다. 차 신부님께 대한 저의 감하가 정말 큽니다.

4부에 실린 글들은 1999~2000에 『새가정』지의 '명상의 오솔길'란에 연재된 글들입니다. 여기저기에 산발적으로 발표한 글들은 3부와 5부에 모았습니다. 너무 오래된 글들 끝에는 글이 쓰인 시기를 적었습니다.

이 책을 내느라 무척 애를 써주신 '미래사목연구소'의 여러분께 깊은 감사를 드립니다. 그리고 묵은 원고를 일일이 타이프 쳐서 새로 정리해 준 아내의 노고에도 깊이 감사합니다.

빈약하기만 한 저의 신앙고백이지만 성령님의 도움 없이 어찌 이 글들이 나왔겠습니까. 맨 먼저 하느님께 감사를 드려야 하는 건데, 순서가 바뀌었습니다.

제 글에 독자 여러분께서 공감해 주시는 부분이 있다면 천만다행이겠습니다. 이렇게 글을 쓰는 일이 그나마 저의 유일한 사랑 나누기 방법입니다.

2009년 5월

성찬경 사도 요한